Vorwort

»Bitte, Frau Ertl, wann schreiben Sie endlich ein Buch? Wir können uns nicht alles merken.« Ein Satz, den ich in den vergangenen Jahren auf Gartenreisen, bei Vorträgen und Seminaren wieder und wieder gehört habe. Ein sprießender Garten voller Fragen von Gartenliebhabern erwartet mich regelmäßig bei meinen zahlreichen Veranstaltungen übers Jahr. Wie kann man am besten Humus aufbauen, Pflanzen stärken, Wildkräuter verwerten und Schnecken & Co. auf natürliche Weise bekämpfen? Seit rund 15 Jahren versuche ich darauf, mit eigenem Erfahrungswissen sowie meinem Verständnis des Gartens als Kreislauf der Natur Antworten zu liefern. Gerne werde ich dem Wunsch von Gartenreisen- sowie Seminar-Teilnehmern hiermit gerecht und habe nun vieles von dem, was mir im Laufe der Jahre rund um den Garten zur Herzensangelegenheit wurde, in vorliegende Buchform gebracht.

Meine zentrale Botschaft: Garten, Glück und Gesundheit sind eng verwoben und für mich untrennbar miteinander verbunden. Gesunder Garten, glückliche Gärtner und Gesundheit aus Gemüsebeeten und Kräutertöpfen – eine »Mischkultur« aus Freude säen und Glück ernten. Probieren Sie es am besten selbst aus!

Wer ein Buch zur Reife bringen möchte, braucht Geduld, gedanklichen Dünger und natürlich ein fruchtbares Umfeld. Besonders bedanken möchte ich mich daher bei meiner Familie, die mir den Weg zur Gärtnerin in die Wiege gelegt hat und mich stets ermunterte und unterstützte. Heute weiß ich: Ich möchte auch im nächsten Leben wieder Gärtnerin werden. Ein großes Danke auch an all meine Wegbegleiter, Wegbereiter und Unterstützer in den Jahren meiner Ausbildung und beruflichen Laufbahn und natürlich an die Menschen, die mir bei der Umsetzung dieses Buches unmittelbar zur Seite standen – meine kreative »Garten-Equipe«: Wolfgang Schober (Text), Marie Zieger (Grafik) und Marija Kanižaj (Foto) sowie Alexander Marko, der Mann an meiner Seite, der mich mit wunderbaren Ratschlägen unterstützte.

Ich wünsche Ihnen, liebe Leserinnen und Leser, eine inspirierende Lektüre und von Herzen bestes Ernteglück in Ihrem Garten!

Angelika Ertl

Inhalts-
verzeichnis

Die Wurzeln des Glücks

Blonde Gärtnerin statt dunkler Opernsängerin, Pflanzenliebe auf den ersten »Pflück« und der letzte Luxus unserer Zeit. Wie ich lernte, Gartenfreuden zu säen und Glücksgefühle zu ernten. Meine Garten-Biographie als Hinwendung zum bewussten Leben.

Angelika, kann man sagen, du bist eine »geborene« Gärtnerin?

In meinem Fall kann man das wirklich, weil ich ja in eine richtige Gärtnerfamilie hineingeboren wurde. Auf die Welt kam ich just am Geburtstag von Hildegard von Bingen. Ein schöner Zufall, falls das überhaupt ein Zufall war, denn mit ihren Ideen fühle ich mich sehr verbunden. Dennoch hatte meine Mama damals wohl anderes im Sinn. Denn als sie mit mir in den Wehen lag, haben ihr die Leute zugeraunt: »Die Callas ist g'storben, die Maria Callas ist heut g'storben.« Sie dachte dann wohl, ihre Tochter wird vielleicht eine dunkelhaarige Opernsängerin. Na ja, geworden ist es schließlich eine blonde Gärtnerin. (lacht)

Wie weit reichen die Garten-Wurzeln deiner Familie zurück?

Meine Oma und mein Opa haben mit ihrer Gärtnerei gleich nach dem Krieg begonnen. Mein Opa war ein echter Pionier und Vordenker und hat die Gartenbaulandschaft in Österreich mit aufgebaut. In der Nachkriegszeit stand natürlich der Gemüsebau im Vordergrund, die Leute haben Lebensmittel gebraucht. Später haben meine Eltern den Betrieb von meinem Großvater übernommen – zu einer Zeit, als der Zierpflanzenbau groß wurde. Alles rund »ums Blumenkistl« war plötzlich gefragt. Heute freue ich mich, dass ich in meiner Familie an unterschiedliche Garten-Traditionen anknüpfen darf. Mein Vater, ein Forstwirt, hat das Erdige, stark Verwurzelte, gewissermaßen das »Baumige« mitgebracht. Meine Mutter war Floristin, Blumenkünstlerin. Da war sozusagen ein familiäres Konglomerat von Neigungen und Talenten am Werk.

Dein Berufsweg als Gärtnerin war somit logisch vorgegeben?

Ich habe schon früh gesehen, dass Gartenbau eine harte, aber auch sehr schöne Arbeit bedeutet, schließlich habe ich den Betrieb von Kindesbeinen an miterlebt. Ich habe von klein auf Kränze gebunden, Sträuße gemacht, aber auch unglaublich viele Blumen ausgerissen. Es war quasi Pflanzenliebe auf den ersten »Pflück«. (lacht) Bis eine Freundin meiner Mutter gesagt hat: »Schau Angelika, alle Blumen, die du ausgerissen hast, buddelst du jetzt wieder ein!« Ja, und das hab ich dann auch brav gemacht und bis heute nicht mehr aufgehört!

Der Garten führt uns wieder auf unsere Wurzeln zurück und lässt uns in dieser hektischen und schnelllebigen Zeit durchschnaufen.

Irgendwann haben meine Eltern gesehen, dass ihre Tochter ein Gefühl für die Gärtnerei hat und mich schließlich in die Gartenbauschule in Schönbrunn geschickt. Mich hat das Thema Gartengestaltung extrem interessiert, alles rund um Stauden, Gemüse, Kulturpflanzen, aber auch Gemüse- und Obstbau. Es war die Zeit, in der man die ganzen Nutzgärten »abrasiert« hat – nach dem Motto: »Viel zu viel Arbeit! Gemüse und Obst haben wir

8

eh im Supermarkt.« Man hat damals vor zwanzig Jahren nur »schöne«, gestaltete Gärten gebaut. Von Hochbeeten, Kräutern und so weiter hat kein Mensch geredet – also genau gegenläufig zur aktuellen Entwicklung. Deshalb bin ich dankbar, dass das Pendel wieder zurückschlägt. Eines Tages haben auch wir alle Koniferen in unserem Garten ausgerissen, die praktischen Nadelgehölze, die in den 60er Jahren überall gepflanzt wurden. Stattdessen haben wir wieder Laubbäume gepflanzt.

Würdest du sagen, dass Menschen, die im Garten arbeiten, glücklicher sind?

Auf jeden Fall! Meine Erfahrung zeigt: Ein Garten hält den Menschen lebendig, beweglich und wirkt sich positiv auf seine Gesundheit und sein Wohlbefinden aus. Denn ein Mensch, der sich mit der Natur verbindet, der schaut auch genauer auf die Lebensmittel, die er zu sich nimmt, und kümmert sich einfach mehr um sich selber. Er lebt bewusster – und diese

Bewusstheit ist eine wichtige Grundlage für Zufriedenheit, eine Wurzel des Glücks. Am besten beschreibt es wohl ein Satz des legendären Schweizer Landschaftsarchitekten Dieter Kienast. Dieser meinte: »Der Garten ist der letzte Luxus unserer Tage, denn er fordert das, was in unserer Gesellschaft am kostbarsten geworden ist: Zeit, Zuwendung und Raum.« Zeit, die man verbringt, Raum, den man nutzt, und Zuwendung, die man den Pflanzen schenkt, aber auch den Menschen, die in den Garten kommen. Der Garten führt uns wieder auf unsere Wurzeln zurück und lässt uns in dieser hektischen und schnelllebigen Zeit durchatmen. Nur im Büro vor dem Computer zu sitzen, von Betonwüsten umgeben – dabei kann der Mensch sich nicht spüren, selbst wenn man sich ein Riesenplakat mit einem grünen Wald ins Büro hängt. Die Energie im Garten ist eine andere. Bloßfüßig in der Wiese stehen, den Boden umgraben, etwas einsetzen – das lässt einen wieder die Verbindung mit sich selbst aufnehmen.

Angelika hat das Gärtnereigeschäft von Kindesbeinen an miterlebt.

Bloßfüßig in der Wiese stehen, den Boden umgraben, etwas einsetzen — das lässt einen wieder die Verbindung mit sich selbst aufnehmen.

Du bis seit vielen Jahren auch als Gartenexpertin im Fernsehen zu sehen. Wie kam's dazu?

Ich war in meiner Schulzeit in Wien Blumenkönigin bzw. Blumenbotschafterin. Dabei habe ich unter anderem Persönlichkeiten wie Thomas Klestil, Viktor Klima, Wolfgang Schüssel und Co. Blumen überreicht. Mit Altbundespräsident Kurt Waldheim habe ich bei so einer Gelegenheit sogar einmal Tee getrunken. Jedenfalls hat der Österreichische Bundesverband der Gärtner und Floristen zu der Zeit gerade eine Werbereihe aufgebaut und mich gefragt, ob ich ins Fernsehen will. Ich hab sofort Ja gesagt. Schließlich war ich jung, frech und offen für alles Neue. (lacht)

Dein erster Auftritt im Fernsehen?

Am Tag der ersten Sendung habe ich meinen Polo vollgestopft mit sieben, acht schönen, handwerklichen Sträußen und bin zwei Stunden zu früh losgefahren. Ich war supernervös, fast panisch, dass etwas schiefgehen könnte. Ich war dann natürlich viel zu früh beim ORF und hatte ausreichend Zeit für meine erste Probe mit der Moderatorin Ricarda Reinisch. Ich wusste, in zwei Stunden schauen mir 800.000 Leute zu, und hatte den totalen Stress. Ich bin in allen Farben angelaufen, habe kaum noch Luft gekriegt und vor Sauerstoffmangel lauter Flecken bekommen. (lacht) Zur Visagistin hab ich gesagt: »Bitte, ich brauche einen Zentimeter Spachtelmasse.« Aber am Ende ist alles gut gegangen. Mein

»Klar, ich spreche manchmal auch mit Pflanzen und bedanke mich, wenn sie prächtig gedeihen.«

»Der Garten ist der letzte Luxus unserer Tage, denn er fordert das, was in unserer Gesellschaft am kostbarsten geworden ist: Zeit, Zuwendung & Raum.«

Dieter Kienast, Landschaftsarchitekt (1945 bis 1998)

erster Auftritt war 2001 beim damaligen »Willkommen Österreich«, dem jetzigen »heute leben«. Zwei Jahre später hat mich auch das Landesstudio Steiermark eingeladen, in der Sendung »Steiermark heute« regelmäßig Gartentipps zu geben. Beides mache ich bis heute mit großer Freude.

Sprichst du zuhause auch manchmal mit deinen Pflanzen, Angelika?

Ja, klar! Ich bedanke mich, wenn sie so schön sind oder prächtig gedeihen, aber ich schimpfe mit ihnen auch, wenn sie nicht so wollen wie ich. Noch interessanter finde ich aber, dass auch Pflanzen »sprechen« können. Untereinander mittels ätherischer Öle oder dem Wurzelsystem. Oder mit der Umwelt – wie das Beispiel der Tabakpflanze zeigt. Diese kann am Kaurhythmus bzw. Speichel der Raupen erkennen, ob ihr größter Fressfeind, die Tabakschwärmer-Raupe, sich gerade an ihr gütlich tut. In diesem Fall kann die

Pflanze praktisch um Hilfe »rufen« – freilich nicht mit akustischen Lauten, aber mithilfe von Enzymen. Diese locken Raubwanzen und Wespen an, die die Feinde ihrer Feinde sind. Solche Beispiele gibt es viele. Oft würde ich Pflanzen gerne beim Reden zuhören. Ich stelle mir gerade vor, wenn einer mit einem Spritzmittel zur Pflanze hinkommt und diese dann empört aufschreit: »Oida, bist deppert! Was machst denn? Das tut mir weh!« (lacht)

Wann ist dein Bewusstsein für das Biologische im Garten erwacht?

Es entwickelte sich Schritt für Schritt. Während meiner Ausbildung in der Gartenbauschule war Bio noch überhaupt kein Thema. Im Gegenteil: Wir mussten endlos viele Spritz- und Düngemittel auswendig lernen. Und obwohl ich eine gute Schülerin war und mir Dinge eigentlich leicht merkte, hatte ich bei den ganzen chemischen Begriffen, Formeln und Verdünnungszahlen irgendwie eine Blockade. Ich hab das offensichtlich sofort in meinen geistigen Papierkorb geschmissen. Und für die Prüfungen dann immer ganz viele Schummelzettel geschrieben. Ich weiß noch genau, wie ich diese dann immer unter einem Armband versteckt habe. Gleichzeitig gab es aber während meiner Schulzeit auch schon ein sehr einprägsames Erlebnis, das mein Bewusstsein in dieser Richtung schärfte: Unser Schule durfte einmal den Wiener Opernball dekorieren, dafür haben wir eine große Anzahl an Nelkentrauben in eine eigene Schablone stecken müssen. Diese Blumen kamen aus dem Ausland und waren so stark gespritzt, das wir alle davon ganz rote Hände bekommen haben – binnen kürzester Zeit hatten wir rote Flecken und Pusteln, da habe ich regelrecht Angst vor Spritzmitteln bekommen.

Wann hast du schließlich begonnen, dich näher mit bewusster und nachhaltiger Lebensweise zu beschäftigen?

Auslöser waren – wie meistens im Leben – Krisen und Krankheiten. Ich hatte zu Beginn meiner Berufstätigkeit eine Reihe von Bandscheibenvorfällen und häufig Angina. Daraufhin habe ich begonnen, mich mit Homöopathie zu beschäftigen und bewusst in die Natur zu gehen und auf sie zu hören. Parallel habe ich auch eine kinesiologische Ausbildung gemacht, mein Körper- und Gesundheitsbewusstsein geschärft. Und dabei habe ich bald gesehen: Aha, da ist was dran an dem Zusammenhang zwischen den Vorgängen und Kreisläufen der Natur und dem eigenen Wohlbefinden. Durch meine Beschäftigung mit Homöopathie wollte ich auch keine Antibiotika mehr nehmen. Anti-Bio – also gegen das Leben! Das kann's ja nicht sein! Bio heißt für mich »Bin in Ordnung«. Es war die Zeit, als die Bio-Welle ohnehin schon ihren Ausgang genommen hat. In den vergangenen Jahren ist sie dann richtig stark geworden. Für mich war es immer ganz logisch, dass ich keinen synthetischen Dünger in mein Gemüsebeet schmeiße. Warum verwende ich etwas, das mich in hochkonzentrierter Form umbringen würde, für mein Gemüse und esse es mit? Das ist für mich unlogisch! Daher habe ich natürliche Prinzipien für mich und meinen Garten umgesetzt – mein Garten ist nun seit über 10 Jahren Bio! Ich habe von einem Jahr auf das andere konsequent umgestellt und bin damit sehr glücklich.

BODEN & PFLAN-ZEN NÄHREN IST DAS NEUE DÜNGEN!

Kräftige Pflanzen, saftige Ernten: Warum ein Festmahl für den Boden auch das Herz des Gärtners höher
schlagen lässt und wie ein Smoothie fürs Gemüsebeet
wie ein Vitaminstoß für den Garten wirkt. Was Sie
übers Düngen, Kompostieren & Co. wissen müssen.

Die Natur ist genial. Das denk ich mir immer wieder. Es ist das tägliche Staunen über Vorgänge in der Pflanzenwelt, das mich antreibt und mir Freude bereitet. Die Natur regelt sich von selbst und stellt Gleichgewichte her, von denen wir Menschen nur träumen können. Dem Menschen liegt, scheint's, eher das Gegenteil: Schließlich bringen wir oft mit großem Aufwand Dinge aus dem Lot, die sich nur mit noch größerem Aufwand wieder in Balance bringen lassen. Wenn überhaupt.

Das Düngen ist ein gutes Beispiel. Die Natur »düngt« sich gewissermaßen selbst. Düngen heißt ja nichts anderes als die Versorgung von Nährstoffen, die Pflanzen zum Wachsen und Blühen brauchen. Im Garten der Natur holen sich Pflanzen diese Nährstoffe – Stickstoff, Phosphor & Co – aus dem Boden. Abgestorbene Pflanzenteile, Früchte, Blüten und Blätter fallen auf die Erde, verrotten und werden von Mikroorganismen im Boden zersetzt. Nährstoffe werden dadurch freigesetzt und können so von den Pflanzen wieder aufgenommen

werden. Im Kulturgarten unterbrechen wir diesen Kreislauf der Natur – klar, Früchte werden geerntet, Blumen und Stauden zurückgeschnitten und Laub entfernt, um einen schönen Garten zu genießen. Dem Boden sind dadurch die Nährstoffe auf natürlichem Wege entzogen. Die Folge: eine Versorgungslücke im Garten. Um diese zu schließen, hielt das Düngen Einzug in unsere Gärten. Reiche Gemüse- und Obsternten wären ohne Düngung genauso Illusion wie üppig blühende Blumen und Stauden. Düngen als Notwendigkeit zwischen Beeten und Rabatten. Die Frage ist aber das Wie. Entscheidend ist die Art des Düngers. Der Nährstoffmangel im Garten lässt sich nämlich auf zweierlei Arten beheben: mittels organischem Dünger, also pflanzlichen oder tierischen Stoffen, oder mit mineralischem Dünger auf synthetisch-chemischer Basis.

Chemie raus, Natur rein!

Die Nachteile des synthetischen Düngers liegen auf der Hand, auf sie kann gar nicht

In einer Handvoll gesunder Erde leben mehr Mikroorganismen als auf der Erde Menschen: rund 10 Milliarden

ANGELIKAS TIPP:
Wenn die Pflanzen im Garten schwach oder krank werden, liegt es oft nicht an der Pflanze, weniger noch an der Gärtnerei, wo man jene gekauft hat. Sehr oft liegt es am Boden, den man sich genauer ansehen sollte.

Mikroorganismen – die Helferlein im Garten

Immer steht der Boden im Zentrum, genauer gesagt: die Mikroorganismen im Boden. Ich nenne sie das »Bodenpersonal« – schließlich arbeiten sie rund um die Uhr für uns, weitgehend unbemerkt und ohne Murren.

oft genug hingewiesen werden. Jahrzehnte lang waren synthetische Dünger in unseren Gärten tonangebend und laugten die Böden aus. Während deren Einsatz in der Landwirtschaft noch immer großflächig anhält und damit die Böden ruiniert, findet in den Heimgärten seit einigen Jahren zum Glück ein Umdenken statt: Chemie raus, Natur rein!

Warum sind Blaukorn & Co für die Pflanzen ein zweifelhafter Segensbringer? Die Erklärung: Synthetischer Dünger wird meist in wasserlöslicher Form als gepresste Kugeln oder Salze auf die Erde aufgebracht. Regengüsse lösen diesen auf und schwemmen den gesamten Dünger in den Boden und damit in die Pflanzenwurzeln ein. Resultat: Die Pflanze nimmt zu viele Nährstoffe auf und wächst unkontrolliert! Ein überschießendes Ereignis und eine Überdosis, die die Pflanze weich und krankheitsanfällig macht. Die Nährstoffe können auch sehr leicht aus dem Boden ausgewaschen werden. Und noch dazu werden die Mikroorganismen vertrieben und das Bodenleben von der vielen Chemie zerstört. Ein Naturgarten kommt zur Gänze ohne Einsatz chemischer Hilfsmittel aus. Ihr Verzicht macht den Garten dem Grunde nach erst zu einem Naturgarten. Verzichten muss man damit aber keineswegs auf hohe Ernteerträge und prächtiges Pflanzenwachstum. Im Gegenteil – eine Reihe von Methoden und Möglichkeiten stehen Naturgärtnern offen, um Pflanzen auf natürliche Weise zu stärken.

Lassen Sie das »Bodenpersonal« arbeiten!

Die Bezeichnung Pflanzen- und Bodenstärkung trifft das Thema mittlerweile auch genauer, der Begriff Düngen bzw. Dünger ist durch die Gleichsetzung mit Kunstdünger bereits vorbelastet. Stärken lassen sich Pflanzen auf vielfache Weise. Immer steht dabei der Boden im Zentrum, genauer gesagt: die Mikroorganismen im Boden. Ich nenne sie das »Bodenpersonal« – schließlich arbeiten sie rund um die Uhr für uns, weitgehend unbemerkt und ohne Murren. Diese Mikroorgansimen sind im Boden milliardenfach vorhanden und haben den Job, den natürlichen Dünger zu zersetzen und ihn für die Pflanze verfügbar zu machen. Und zwar langsam, gleichmäßig und schonend. Exakt in dem Tempo, in dem die Pflanze die Nährstoffe auch benötigt – eine Just-in-time-Lieferung der Natur. Dadurch verbessert sich auch die Bodenstruktur, es entsteht fein-krümeliger Boden – das ideale Biotop für beste Wachstumsbedingungen. Daher sollte man als verantwortungsvoller Gärtner sein »Personal« auch hegen und pflegen. Es ist von unschätzbarem Wert. Regenwurm, Springschwänze, Milben, Bakterien usw. sind genügsame Mitarbeiter im Garten. Mit relativ einfachen Mitteln halten Sie sie bei Laune – und erhalten ein Vielfaches an Früchten der Natur als Dank zurück.

Abhängig ist meine Fütterung des Bodenpersonals davon, welche Pflanzen auf dem Boden wachsen sollen. Pflanzen haben unterschiedlich hohe Nährstoffbedarfe, danach unterscheidet man auch zwischen Schwach-, Mittel- und Starkzehrern. Schwachzehrer wie Salate brauchen weniger Nährstoffe, Starkzehrer wie Tomaten, Kürbis, Gurken und Kohlgemüse entsprechend mehr. Diese vertragen ruhig alle paar Wochen eine Düngergabe, damit sie gesund reifen und viele Früchte tragen.

ORGANISCHES DÜNGEN

DIE METHODEN IM ÜBERBLICK

Allen Arten organischen Düngens ist eines gemein: Sie füllen damit Ihre Bodenvorräte langfristig auf. Das Erfreuliche: Alles, was Sie für die Ernährung Ihrer Pflanzen brauchen, stellt die Natur – vielfach sogar Ihr eigener Garten – zur Verfügung.

Der Kompost: Humus für Selbermacher

Die effektivste Methode, Böden mit Nährstoffen anzureichern, ist auch die nachhaltigste: der garteneigene **Kompost**. Der Komposthaufen steht sinnbildlich für den Kreislauf der Natur und stellt das kraftvolle Herzstück eines Gartens dar. Früher von manchen als übelriechende Biomülldeponie in Omas Garten verunglimpft, ist der Komposthaufen die heimliche Stätte der Fruchtbarkeit, eine natürliche und permanente Humus-Manufaktur zum Nulltarif. Sie verwandelt Pflanzenreste, Baum- und Rasenschnitt in wertvollen Dünger mit hohem Nährstoffgehalt. Do-it-yourself-Humus aus dem eigenen Garten. Und: Durch Verwendung von Effektiven Mikroorganismen verschwindet auch der üble Geruch.

Die eigene Komposterzeugung spart obendrein viel Geld, dafür setzen Sie Zeit und Wissen ein. Dies beginnt bei der richtigen Standortwahl für den Kompostplatz. Er sollte sich weder in praller Sonne noch im größten Schatten befinden, ein Platz im Halbschatten ist ideal. In der Sonne würde der Haufen austrocknen und Würmern und Mikroorganismen das Leben erschweren. Schatten spendet im Fall des Falles eine Bepflanzung mit Kürbissen. Behälter – vorzugsweise aus Holz – geben dem Haufen Halt und sorgen dafür, dass sich der Inhalt schneller erwärmt. Die Temperatur ist schließlich ein wesentlicher Faktor. Im Zuge der Abbau- und Zersetzungsprozesse kann sich das Kompostinnere auf bis zu 75 Grad Celsius erwärmen.

Entscheidend für das Gelingen ist das Aufbringen des Materials in Schichten. Kompostieren macht den Hobby-Gärtner damit zum Schichtarbeiter im besten Sinn. Dieses Prinzip erklärt auch die Herkunft des Begriffs Kompost vom lateinischen Compositum (»Zusammengesetztes«). Zusammengesetzt wird ein Komposthaufen aus Lagen gröberen sowie feineren Materials, die abwechselnd aufgeschichtet werden.

Schichten für die Humus-Fabrik

Gröberes Material wie Baum- und Heckenschnitt und Geäst kommen auf Küchen- und Pflanzenabfälle, Rasenschnitt etc. – und umgekehrt. Ein Schichtsystem, das eine gute Durchlüftung garantiert und die Mikroorganismen animiert. Beim Aufsetzen eines Komposthaufens empfiehlt es sich unbedingt auch, eine Schicht bereits reifen Komposts einzubringen und damit die wichtigen Kleinstlebewesen ansässig
⟶ WEITER AUF SEITE 23

ANGELIKAS TIPP:

Gerbstoffhaltiges Laub (von Walnuss, Kastanie, Birke, Pappel und Eiche) kommt nicht auf den Kompost und wird extra gelagert. Nusslaub gibt man zu den Rhododendren und Azaleen. Diese Blätter verändern den Säuregrad des Bodens und sind in Kombination mit Walderde und Nadeln eine perfekte Moorbeetabdeckung.

HUMUSPIONIER & KLIMASCHÜTZER

Komposterde selbst herstellen spart Geld und damit wird auch der Kreislauf im Garten geschlossen.

Böden sind gemeinsam mit den Meeren die größten CO2-Speicher der Welt. Maßnahmen zum Humusaufbau dienen der Kohlenstoffspeicherung und damit dem aktiven Klimaschutz. Das Jahr 2015 war das »Internationale Jahr des Bodens«, das auf die Bedeutung des so wichtigen Humusaufbaus auf landwirtschaftlich genutzten Flächen aufmerksam machte. Nur gesunde, humusreiche Böden sind in der Lage, das klimaschädliche CO2 aus der Atmosphäre in ausreichendem Ausmaß in der Erde zu speichern. Ein Mann, der sich seit Jahren intensiv dem Thema Humusaufbau und damit dem Kampf gegen den Klimawandel widmet, ist der Oststeirer Gerald Dunst, Gründer der Firma »Sonnenerde« in Riedlingsdorf. Der 2014 mit dem österreichischen Klimaschutzpreis ausgezeichnete Öko-Pionier schuf mit der »Riedlingsdorfer Schwarzerde« eine Qualitätserde, die neue Maßstäbe in puncto Nährstoffreichtum und Bodenstabilität setzt. Wichtiger Teil seiner »Zauberrezeptur« ist die verwendete Pflanzenkohle. Diese bietet den Mikroorganismen einen stabilen Lebensraum, eine Art Zuhause, und steigert Humusgehalt und Bodenfruchtbarkeit. Ich bin seit Jahren überzeugt von der Qualität der Produkte und verwende die »Sonnenerde« mit Begeisterung – egal, ob für Hochbeete, zum Bodenaktivieren oder für Pflanzentöpfe. Einfach grandios!

Komposterde

Grün-
düngung

Hornspäne

Pflanzenjauche

zu machen – die Initialzündung für die Humus-Factory. Wichtig: Je kleiner das Material gehäckselt und geschnitten ist, desto schneller vollzieht sich die Kompostierung. Im Schnitt muss man als Gärtner mit ein, zwei Jahren rechnen, im Idealfall kann sich diese Phase auf ein halbes Jahr verringern. Nach einer gewissen Zeit, wenn der Komposthaufen erkennbar zusammengesunken ist, sollten Sie ihn umsetzen. Das heißt, Sie schichten ihn am besten gleich direkt daneben noch einmal neu auf. Dabei wird das Material gut durchmischt und die Sauerstoffzufuhr gefördert.

Grundsätzlich können Sie Komposterde für sämtliche Bereiche im Garten verwenden; idealerweise für Gemüsebeete und beim Pflanzen von Gehölzen und Stauden. Vorsicht ist allerdings bei Blumenbeeten geboten. Die Nährstoff-Bombe könnte die Pflanzen hier leicht überfordern. Ideal eignet sich der Selfmade-Kompost für Starkzehrer wie Tomaten und Kohlgemüse. Im Nutzgarten bringt man den Kompost am besten im Frühjahr auf – bei Starkzehrern etwa drei bis fünf Kilo pro Quadratmeter, Daumen mal Pi ist das etwa ein Kübel voll. Die Komposterde wird einfach mit der Schaufel verteilt bzw. kommt beim Pflanzen von Bäumen und Stauden ins Pflanzloch. Vor der Anwendung sollte der Kompost allerdings gesiebt werden. Größere Teile kommen wieder auf den Haufen.

GO – DAS GEHÖRT AUF DEN KOMPOST

Pflanzliche Abfälle aus dem Garten wie zerkleinerter Baum- und Strauchschnitt, Laub, Grasschnitt (am besten angetrocknet), Jätgut, Fallobst, pflanzliche Abfälle

→ ALLES DÜNGER ←

KOMPOST: Der Selfmade-Humus aus dem eigenen Garten ist der ideale Dünger für den Nutzgarten und verbessert den Boden langfristig.

MULCHEN: Eine Schicht Rasenschnitt oder Blätter sorgt für regelmäßigen Nährstoffnachschub und schützt den Boden vor Austrocknung (siehe S. 35).

»TIER-GAGA«: Pferdemist, aber auch Rindermist eignen sich hervorragend als Dünger. Ebenso Mist anderer Pflanzenfresser wie Hühnermist, den man 1:10 verdünnen muss, da er eine hohe Konzentration an Stickstoff enthält.

HORNSPÄNE: Auch Horngrieß oder Hornmehl, bestehend aus geraspelten Hufen und Hörnern, enthält eine hohe Konzentration an Nährstoffen.

KAFFEEDÜNGER: Als biologischer, organischer Dünger ideal für die Anwendung im Garten. Wirkt anziehend auf Regenwürmer.

PFLANZENJAUCHEN: Die stickstoffreiche Brennnesseljauche oder die kalireiche Beinwelljauche ermöglichen eine rasch wirkende organische Düngung (siehe S. 24 und S. 60).

KOMPOSTTEE: 1 Handvoll Kompost auf 10 Liter Wasser! Immer wieder umrühren, damit Luft dazukommt und direkt auf die Blätter spritzen!

PFLANZEN-SMOOTHIE: Küchenreste im Smoothie-Mixer verkleinert wirken wie ein Vitaminstoß fürs Gemüsebeet.

GRÜNDÜNGUNG: Vor allem Schmetterlingsblütler wie Bohnen, Erbsen oder Wicken können selbstständig Stickstoff aus der Luft einsammeln und geben ihn an den Boden ab.

BIOFERT: Ein biologischer Dünger, der zu 100 % aus rein pflanzlichen Inhaltsstoffen besteht.

aus der Küche, Obst und Gemüseabfälle, Eierschalen, Kartoffel- und Zwiebelschalen, Tee- und Kaffeesatz, Bananenschalen, Stallmist, Gesteinsmehl

NO GO – DAS GEHÖRT NICHT AUF DEN KOMPOST

Kranke Pflanzen und Pflanzenteile, Wurzeln hartnäckiger Unkräuter wie Quecke oder Giersch, gekochte Essensreste, verschimmelte Küchenabfälle, Fleisch, Knochen und Fisch, Breiiges, Öle und Fette, farbiges Papier bzw. Hochglanzpapier, Zigarettenstummel

Weiters gibt es zahlreiche Möglichkeiten, seinen Pflanzen auf natürliche Weise Gutes zu tun: etwa mittels Kompostwasser, Holzasche, Kartoffelwasser, Schafwollpellets aus zerkleinerter Wolle, Bio-Kakao-Schalen, abgestandenem Mineralwasser oder Bananenschalen (klein geschnitten)

Vitaminkur Kräuterjauche

Einer der einfachsten und effizientesten Wege, um selber guten Dünger herzustellen, sind **Jauchen**. Neben Brennnesseljauchen zählen hier vor allem Beinwelljauchen und Ackerschachtelhalmjauchen zu den wirksamsten Mitteln aus dem Arsenal der Natur. Jauchen dienen sowohl als Dünger für Pflanzen als auch zur Stärkung der Abwehrkraft gegen Schädlinge und Krankheiten. Sie sind somit eines der wichtigsten Mitteln der Prophylaxe im Garten der Natur. Gleichsam eine Vitaminkur zum Selbermachen. Blätter und Wurzeln werden kräftiger, Pilzen und Bakterien wird das Eindringen erschwert. Jauchen kann man sowohl aus frischen als auch getrockneten Pflanzenteilen herstellen.

SO FUNKTIONIERT'S:

Für die Herstellung einer **Brennnesseljauche**, die die Pflanze kräftigt, das Boden-

ANGELIKAS TIPP:

Ein Komposthaufen »miachtelt« nur, wenn er zu dicht geschichtet wurde. Je weniger er stinkt, desto besser die Kompostqualität.

GIFTIGE Pflanzen

Oft werde ich von Garteninteressierten gefragt, was man mit den giftigen Pflanzen im Garten anstellen soll. Also mit Rittersporn, Efeu, Eisenhut und Akeleien. Diese Pflanzen haben mehr oder weniger Anteile von Giftstoffen, Eisenhut und Rittersporn sogar sehr hohe. Die gute Nachricht: Sie dürfen alle auf den Kompost. Die Natur weiß sich zu helfen, die Mikroorganismen knacken den Gift-Code und zersetzen die Giftstoffe folgenlos.

Wie lange dies dauert, hängt von der »Verpackung« ab. Die Nadeln der Eibe und der Thuje sind mit Wachs überzogen – das heißt, wenn dieser Schnittgutanteil zu hoch wird, sollte man den Heckenschnitt auf der Seite alleine verrotten lassen und/oder möglichst klein häckseln. Alle anderen giftigen oder nur leicht giftigen Pflanzen(-reste) sind im Kompost unbedenklich.

Geben Sie Urgesteinsmehl, Effektive Mikroorganismen und auch Baldriantropfen zur Jauche, damit sie weniger unangenehm riecht.

leben aktiviert und gegen den Befall von Läusen und Spinnmilben schützt, gehen Sie folgendermaßen vor: 1 kg Brennnessel (oder 150 Gramm getrocknetes Material) auf 10 Liter Wasser, darin werden die Pflanzen für etwa 2-3 Wochen eingeweicht. In dieser Zeit wird die Flüssigkeit beginnen zu gären und eine dunkelbraune Farbe annehmen. Ebenso einen üblen Geruch, den Sie mit Gesteinsmehl oder Effektiven Mikroorganismen mildern können. Gelegentlich umrühren.

Wenn die Jauche nicht mehr blubbert, ist sie fertig. Danach im Verhältnis 1:20 verdünnen und auf den Boden aufbringen. Nicht direkt auf die Pflanze, sie würde die Blätter verätzen. Ausgenommen ist die

noch junge Pflanzenjauche, sie kann auch auf die Blätter – am besten die Unterseite – gesprüht werden.

> BEINWELLJAUCHE: Enthält Kali, Stickstoff und Phosphat. Die Flüssigkeit wirkt kräftigend und vitalisierend.

> RAINFARNJAUCHEN, KRÄUTERJAUCHEN (VON LÖWENZAHN BIS SCHAFGARBE): Haben einen hohen Gehalt an Kieselsäure und stärken die Pflanzen.

> ACKERSCHACHTELHALMJAUCHE: Hat eine große Bedeutung im Naturgarten. Die Kieselsäure wirkt vorbeugend gegen Pilzerkrankungen wie Mehltau und Rost. Sehr wirkungsvoll gegen Rosenrost.

Natürliche Stickstoff-Fabriken

Eine andere natürliche Düngemethode stellt die **Gründüngung** dar. Darunter versteht man die Aussaat von Pflanzen, die nach deren Absterben den Boden mit Nähr-stoffen bereichern. Lupinen, Buchweizen, Ringelblumen und Bienenfreund sind beliebte Gründüngungspflanzen. Grün-düngung funktioniert aber auch als Stick-stofffabrik aus der Luft. Stickstoff ist der Hauptnährstoff für das Wachstum der Pflanzen. Auf natürliche Weise kommt Stickstoff im Boden aber nicht vor. Im Gegensatz zur Luft, die zu 78 % aus diesem Element besteht. Die allermeisten Pflanzen haben dazu aber keinen Zugang – eine Ausnahme bilden die sogenannten Legu-minosen. Sie schaffen es im Verein mit Knöllchenbakterien an den Wurzeln, prak-tisch Stickstoff aus der Luft zu sammeln und der Pflanze als Wachstumsturbo zur Verfügung zu stellen. Erbsen, Bohnen und Wicken zählen zu diesen pflanzlichen Düngemittelproduzenten. Ein genialer Schachzug der Natur: Pflanzen, die den Transfer von der Luft in den Boden schaffen. Daher sollte auch ein guter Teil – etwa ein Viertel – des Gartens mit Leguminosen voll sein. Damit können gerade in Misch-kulturen (siehe S. 100) Starkzehrer bestens mit Stickstoff versorgt werden.

Gründüngung wird im Herbst gesät und im Frühjahr in den Boden eingearbeitet.

Gemüsereste, ob
Brokkoli oder
Karottengrün bis
zu Eierschalen –
alles rein in den
Smoothie-Mixer,
mit Wasser ver-
dünnen und ab in
den Garten!

Der Dünger aus dem
Smoothie-Mixer

Eine ganz neue und innovative Variante,
den Boden aufzubessern, stellen **Pflanzen-
Smoothies** dar. Diese Methode ist bestech-
end einfach, hoch wirksam und folgt dem
Prinzip Grüner Smoothies für den Menschen. Einfach die Küchenabfälle in den
Smoothie-Mixer geben, durchmixen und
ins Beet schütten. Der besondere Effekt
entsteht hier durch die maschinelle Ver-
kleinerung, die die Pflanzen für die Mikroorganismen praktisch bereits vorverdaut.
Von Gemüseresten, ob Brokkoli oder Karottengrün, bis zu Eierschalen – alles rein
in den Mixer, mit Wasser verdünnen und
ab in den Garten! Eine Unterart davon
ist sogenanntes Chlorophyllwasser, das
entsteht, wenn ich ausschließlich Grün-
pflanzen und vor allem Gräser mische und
damit die Pflanzen gieße, wenn sie schwä-
cheln. Pure Wellness für das Gemüsebeet!

so mach' ich es!

Mein wichtigster Grundsatz: Die Grundlage – der Boden – muss einfach passen. Besonders für Starkzehrer ist die Bodenaufbereitung essenziell. Dafür gebe ich im Frühjahr eine Düngergabe von gutem Kompost – meist in Kombination mit Pferdemist. Eine Möglichkeit ist, den gut abgelegenen Pferdemist schon zu den Grünabfällen auf den Komposthaufen zu geben. Zudem verwende ich Biofert, also organischen, pelletierten Dünger, kombiniert mit Urgesteinsmehl.

Mein Tipp: Am besten einfach einmal bei einem Bauern mit Koppel läuten und fragen, ob man auf der Pferdekoppel ein paar Pferdeäpfel einklauben darf. Diese sind deshalb so wertvoll, weil Pferdeäpfel ja nichts anderes sind als vorverdautes Gras – also ein Spitzen-Dünger! Wichtig: Den Pferdemist lasse ich immer ungefähr ein halbes Jahr abliegen, weil er sonst zu scharf wäre.

Ein- bis zweimal pro Jahr bringe ich den Pferdemist auf. Im Frühjahr, manchmal zusätzlich im Herbst, vor allem dort, wo eine dichte Pflanzung vorherrscht, zum Beispiel bei Hecken. Denn je dichter die Pflanzung, desto höher der Bedarf an Nährstoffen.

Wenn ich den Mist bzw. Kompost aufbringe und etwas in den Boden einharke, dann freut sich mein »Personal im Boden«. Ich kann die Mikroorganismen fast jubeln hören. Ein Festmahl für Regenwurm, Springschwanz und viele mehr. Oben gebe ich dann regelmäßig noch eine Schicht Gras drüber, die Mulchschicht. In Kombination mit dem ganzen Pferdemist ein perfektes Menü für die Mikroorganismen. Das Personal wird bedient, der Boden isst: »Miiiittageeeeessen! Juhuuuu!«

Das Schöne am organischen Düngen: Es kann dem Boden im Grunde nicht zu viel werden! Solange man den Pferdemist nicht tonnenweise auf seine Beete setzt. Das Personal teilt sich seine Portionen schon richtig ein – und weiß ganz genau, wann es was braucht. Die Mikroorganismen im Boden sind nämlich in Kontakt mit den Wurzeln, rund um die Wurzel wohnt unser Personal. Von der Pflanze bekommt es notwendigen Zucker geliefert, der aus der Photosynthese entsteht. Die Mikroorganismen bedanken sich, indem sie der Pflanze als Gegenleistung Nährstoffe aus dem Boden pflanzenverfügbar umbauen. Erst durch diesen Tauschhandel kommt die Pflanze an Stickstoff, Phosphor & Co. und kann wachsen und gedeihen.

ANGELIKAS TIPP:

Sammeln Sie möglichst reine Pferdeäpfel. Ein wenig Stroh dabei ist ok. Sägespäne sollten aber nicht darunter sein, denn diese binden Nährstoffe.

»Miiiittageeeeessen
für den Boden!«

Als ich letztens meinen Kompost umgedreht habe, hab ich vor Freude aufgeschrien: Wahnsinn! 80 Regenwürmer habe ich dabei gezählt! Es gibt ja mehrere Arten von Kompostwürmern oder Erdwürmern – sie sind unterschiedlich groß! Aber alle sind wichtig. Je mehr Regenwürmer, umso mehr Zeichen von Leben. Regenwürmer sind bei jeder Form der Kompostierung die wichtigsten Arbeiter – natürlich auch für den Garten und den Boden. Aufgrund ihres Nutzens kann man sie als »düngende Grabgabel« (Zitat Andrea Heistinger von der Arche Noah)

Laubkompost mit Urgesteinsmehl und Komposterde bestreuen, mit Jauche oder Wasser anfeuchten. Zweimal den Haufen umsetzen.

bezeichnen: Sie lockern den Boden und düngen ihn gleichzeitig mit ihrem Kot. Der Regenwurm heißt für mich übrigens deshalb Regenwurm, weil er das System anregt – nicht wegen des Regens. Man muss sich den Boden als großes lebendes Organ vorstellen, sein Verdauungssystem will – wie jenes des Menschen – auch angeregt sein. Anregend wirkt der Regenwurm, der Lieblingsbewohner jedes Bodens.

Was die Kompostierung im Garten betrifft, lautet mein wichtigster Tipp: Immer alles klein schneiden und häckseln! Egal, ob Strauch- oder Rasenschnitt, Küchenreste etc. – je kleiner, desto schneller der Verrottungsprozess und desto eher erhalte ich den fertigen Kompost. Beschleunigen kann man den Prozess meiner Erfahrung nach auch, indem man Effektive Mikroorganismen und Gesteinsmehl eingießt. Wenn in Ihrem Garten viel Laub anfällt, sollten Sie dafür einen Drahtkorb aufstellen und Laubkompost machen. Auf das Laub gibt man ein wenig fertigen Kompost sowie Urgesteinsmehl. Damit wird die Rotte angeregt.

Je mehr Regenwürmer, umso schneller wird der Kompost umgesetzt.

ANGELIKAS TIPP:

Pflanzenkohle ist der Grundbaustein für die sogenannte Schwarzerde. Das ist die fruchtbarste Erde, die wir bis dato kennen. Die Pflanzenkohle bietet die »Wohnung« für die Mikroorganismen und sorgt für stabilen Humusaufbau.

MIT EFFEKTIVEN MIKROORGANISMEN FÄULNIS & SCHNECKENEIER IM KOMPOST VERHINDERN

»Super, dass Ihr da seid! Ich gebe Euch etwas von meiner Kraft in Form von Zucker ab!«

»Wunderbar, dann bereite ich alle Nährstoffe im Boden für Dich verfügbar auf!«

Viele positive Erfahrungen machte ich in den vergangenen Jahren mit Effektiven Mikroorganismen (EM) im Garten (siehe S. 32). Gerade bei der Kompostierung sind sie ausgesprochen hilfreich. Denn im Kompost tummeln sich logischerweise Scharen von Schnecken – für viele Gärtner ein großes Problem, weil sich dadurch die Schneckeneier mitten in der werdenden Hochbeeterde befinden. Eine Horrorvorstellung! Ich entschied mich daher, Folgendes auszuprobieren:

1 Rezept für 1 m³ Kompost: 1 Liter EM, 5-10 kg Urgesteinsmehl, aufgeteilt auf ca. 5 Gießkannen mit Wasser, dazu 1 Sack Pflanzenkohle
2 Das Gesteinsmehl mit EM mischen und eingießen! Die **Pflanzenkohle** in den Haufen einstreuen!
3 Mit luftdichter Folie abdecken! Die Mikroorganismen arbeiten lieber anaerob. Zudem kommen keine Schnecken ran!

Das Ergebnis: Mit den EM wird ein Fermentationsprozess in Gang gesetzt und Fäulnis verhindert. Nach acht Wochen öffnete ich das erste Mal den Haufen und siehe da: wunderbares Material, welches angenehm säuerlich roch. Hunderte Regenwürmer beehrten die werdende Komposterde. Genial! Obendrein gab es keine Schneckeneier. Nach acht Wochen hat man damit besten Dünger für Gemüse und alle anderen Gartenpflanzen.

Wenn Sie dieses Material zu Erde reifen lassen möchten, dann braucht es nur noch ein halbes Jahr. Dies geschieht dann im aeroben Zustand. In dieser Zeitspanne decken Sie den Haufen mit einem Unkrautvlies ab, arbeiten das Material ca. dreimal um und nach sechs Monaten haben Sie beste Erde. (Die Vliesränder mit Steinen abdecken, um Schnecken abzuwehren!)

Klein, aber oho!

Nutzen Sie die grosse Kraft der kleinen Helferlein

Sie sind natürlich kein Wundermittel, denn Wunder gibt es bekanntlich nicht – aber ihre Wirkung kommt einem Wundermittel ziemlich nahe. Die Rede ist von Effektiven Mikroorganismen (EM). Als ich sie entdeckte und begann, mit ihnen zu arbeiten, war das für mich der Eintritt in eine neue Gartenwelt. Aktiveres Bodenleben, widerstandsfähigere Pflanzen und bessere Erträge. Aber wie kann das sein? Eine braune Flüssigkeit, die ein bissl komisch riecht, man könnte auf gut Österreichisch sagen: sie »miachtelt«, als Heilsbringer im Garten? Die Erklärung: EM enthalten eine Mischung aus Mikroorganismen wie Milchsäurebakterien, Hefen und Photosynthesebakterien, die regenerative Prozesse unterstützen und fäulnisbildende Prozesse unterdrücken.

Sie fördern die Fermentation und verhindern Fäulnis – eine wunderbare Einrichtung der Natur. Die Kleinstlebewesen halten die Stoffkreisläufe der Natur aufrecht – ohne sie würde es kein Leben auf dem Planeten geben.

Die spezielle EM-Mischung wurde vor mehr als 30 Jahren auf Okinawa in Japan entdeckt und hat sich als großartige Hilfe in vielen Bereichen unseres Lebens erwiesen. Sie wird seither in der Natur gesammelt und in spezifischer Weise gezüchtet. Erhältlich ist diese dunkle, säuerlich riechende Flüssigkeit bei Gärtnern und im Handel. Diese sollte im kühlen Keller aufbewahrt werden, nicht im Kühlschrank! Sie hält rund drei bis sechs Monate. Achtung: Wenn sie bereits ausgesprochen arg stinkt, sollten Sie sie nicht mehr verwenden.

ANGELIKAS TIPP:

Da viele Böden schwach und ausgelaugt sind, leisten die Mikroorganismen in diesen Fällen die beste Erste Hilfe. Am wirksamsten ist die Kombination mit regelmäßigem Mulchen – so wird stetig Humus aufgebaut.

IN EINER HANDVOLL ERDE LEBEN ...

50.000
Fadenwürmer

1 Regenwurm

1.000.000
Einzeller

mehr als 10.000.000.000
Bakterien, Pilze & Algen

500 Milben &
Springschwänze

1 Spinne, Assel
& Schnecke

100 Insekten
& Larven

Was bewirken
Effektive Mikroorganismen?

> EM beschleunigen die Umsetzung organischer Materialien und verhindern Fäulnis.

> EM beleben den Boden und erhöhen die Aktivität der Bodenlebewesen.

> Durch EM werden die Pflanzen stärker und resistenter und wachsen schneller an.

> EM verbessern die Erwärmung im Frühjahr und die Speicherkapazität des Bodens.

> EM verringern die Keimdauer und fördern die Wurzelbildung.

> EM reduzieren umweltrelevante Schadgase und beseitigen schlechte Gerüche.

Wie wende ich Effektive
Mikroogranismen an?

1-2 Mal pro Woche eine Verschlusskappe in ca. 10 Liter Wasser geben. Damit früh morgens oder abends gießen, nicht in der prallen Sonne, das mögen die kleinen Helferlein nicht. Verwenden können Sie EM für Gemüse, aber auch Blumen, Orchideen, Zimmerpflanzen etc.
EM können Sie auch mit einer Spritzflasche auf Blätter spritzen. Dies erhöht die Widerstandsfähigkeit gegen Krankheiten und Schädlinge. Es gibt auch Putzmittel für den Haushalt, und für weitere Anwendungsgebiete kann man EM gut gebrauchen, um in Ställen Fäulnis zu reduzieren.

Mulchen – der Sonnenschutz für Ihren Boden

Im Naturgarten wird alles verwertet. Diesem Prinzip gehorcht auch das Mulchen. Mulchen bedeutet nichts anderes, als den Boden abzudecken, so wie es die Natur vormacht. Wenn im Herbst die Blätter fallen und liegen blieben, ist das eine natürliche Mulchschicht. Eine Bodenabdeckung mit vielen Vorteilen: Mulchen versorgt die Mikroorganismen im Boden mit Futter, sorgt aber auch dafür, dass der Boden durch zu starke Sonneneinstrahlung nicht austrocknet bzw. sich im Frühjahr schneller erwärmt. Mulchen verhindert – ein toller Nebeneffekt – auch das Aufkommen von Unkraut.

Verschiedene Materialen sind zum Mulchen geeignet: Der beste und bequemste Mulch ist Grasschnitt. Er ist einfach verfügbar und führt dem Boden wichtigen Stickstoff zu. Daher ist er auch für den Gemüsegarten bestens geeignet: Den Rasenschnitt einfach in ein paar Zentimenter dicken Schichten zwischen die Pflanzen streuen! Darüber kann man auch noch Urgesteinsmehl geben. Das Mulchen wirkt wie eine Flächenkompostierung, die gesamte Energie geht in den Boden, es entsteht Humus. Ein Vorgang, den man alle paar Wochen wiederholen kann. Bei extremer Hitze kann die Mulchschicht auch verstärkt werden, damit der Boden nicht austrocknet. Mulchen ist der Sonnenschutzfaktor für den Garten.

Das Mulchen entspricht auch einem wichtigen Gebot des natürlichen Gärtners – nämlich: Sorge dafür, dass die Erde im Naturgarten die Sonne nicht sieht! Denn der Boden ist die existenzielle Lebensschicht. Ohne die 20-50 cm Erdschicht gäbe es kein Pflanzenwachstum. In der Natur gibt es kaum nackte, unbedeckte Erde.

ANGELIKAS TIPP:
Am wichtigsten im Biogarten ist der Humusaufbau. Dafür ist das Mulchen mit gehäckseltem Schnittgut die beste Methode. Es gibt sogar reine Mulchgärten, in denen Gemüseflächen und Wege stets gemulcht werden.

Grasschnitt mit EM besprühen und mit Folie abdecken – sogleich finden sich die Regenwürmer ein.

ANGELIKAS TIPP:
Legen Sie den Grasmulch flächig auf und gießen Sie diesen mit den Mikroorganismen (EM) ein. Geben Sie für einige Tage eine luftdichte Folie drauf. Das Gras beginnt zu fermentieren und hält tatsächlich auch Schnecken fern, denn diese werden von Fäulnisgeruch angezogen, nicht aber von säuerlichen Fermentationsgerüchen.

Im Handel angeboten wird auch Rindenmulch, obwohl dieser dem Boden bei der Verrottung Stickstoff entzieht. Daher empfehle ich ihn eher für den Boden rund um Strauchbepflanzungen oder Hecken. Weiters eignen sich Laub, Pflanzenreste, Strauchschnitt, Biofaser, Flachshäcksel, Holzhäcksel, Sägespäne oder Rindenkompost, eine Mischung aus Rindenhäcksel und vorgerottetem Kompostmaterial. Hervorragendes Mulchmaterial sind auch Kräuter wie Beinwell und Brennnessel. Kräuter häckseln und einfach zwischen den Pflanzen auf den Boden geben – voilá! Gerade die Starkzehrer wie Tomaten werden sich freuen.

Die Natur macht es uns vor: Sie bedeckt den Boden mit organischem Material – sei es durch Bewuchs oder durch Ast- oder Blattfall. Die Mulchschicht nenne ich auch gerne Bodenkur, es ist die älteste Maßnahme, um Humus aufzubauen. Sie wurde auch schon in Klostergärten des 8. Jahrhunderts angewandt. Und ohne Humus gibt es bekannterweise kein Leben.

Warum Mulchen?

> Fördert Humusaufbau und fruchtbaren Boden.
> Die Mikroorganismen bekommen Nachschub und können organisches Material zu Humus verarbeiten.
> Die ersten Bodenschichten bleiben feucht und trocknen nicht aus. In den Sommermonaten ist dies besonders wichtig und erspart auch manches Gießen.
> Wildkräuter können nicht unkontrolliert keimen, Sie müssen weniger jäten.

Womit Mulchen?

Bestes Material ist der **Grasschnitt**, denn er verbraucht bei der eigenen Verarbeitung keinen Stickstoff – und Stickstoff braucht die Pflanze zum Wachsen. Achtung: Auch sehr harzhältige Rindenarten werden als Gartenmulch verkauft. Das Harz ist ein Wachstumshemmer und gerade Rosen reagieren mit gelblichen Blättern. Auch verbraucht ungeeigneter Gartenmulch zu viel Stickstoff.

Wichtig ist, dass man den Gartenschnitt nach dem Mähen gleich dünn aufträgt, sonst beginnt dieser zu schimmeln und wird schnell heiß, wenn die Rotte einsetzt. Im Sommer trage ich alle zwei Wochen eine Schicht nach der anderen auf. Denn wenn die Sonne stark ist, dann trocknet sogar eine dicke Schicht sehr schnell.

Weiters als Mulchmaterial zu empfehlen: **Biofaser** und **Flachshäcksel**, die auch effektiv gegen Schnecken wirken, sowie alle möglichen Kräuter- und Staudenschnitte aus dem Garten.

Die Zucchini haben gerne warme Böden – hier können Sie schwarze, verrottbare **Maisfolien**, **Holzpapier** oder auch **Schafwollmulchdecken** verwenden. Auch gibt es Naturmaterialien wie **Jute** und **Stoffe aus Brennnessel** zum Abdecken der Böden.

Weizenstrohmulch ist gut unter Erdbeeren, Tomaten und anderen Starkzehrern.

Auch die im Handel erhältliche **Gartenfaser** ist ein gutes Material für den Staudengarten. Sie deckt den Boden gut ab und lässt auch kaum Unkraut aufkommen.

Last but not least sind **Lebendmulchdecken** neben der Gras- und Kräutermulchschicht meine Favoriten. In der Mischkultur ist dies durch Zwischensaaten gegeben. Flächig wachsende Pflanzen wie z.B die Kapuzinerkresse eignen sich hervorragend als lebendige Mulchdecke. Im Herbst nach der Ernte können Sie die Beete mit **Laub** abdecken oder eben auch Lebendmulchschichten mit einer Gründüngung machen.

Kapuzinerkresse ist ideal für eine Lebendmulchdecke.

Schafwollmulchdecken halten den Boden warm und Schnecken fern.

Brennnessel und Kräuter eignen sich ebenso hervorragend als Mulchschicht. Hier unter Kohlgemüse.

37

Pflanzenschutz? Logisch Bio!

Mit der Natur kooperieren und das Immunsystem der Pflanzen stärken. Wie Sie das fruchtbare Gleichgewicht aus Nützlingen und Schädlingen im Garten fördern und warum das Schneckenweitwerfen wohl niemals eine olympische Disziplin wird.

Ich erlebe es bei meinen Vorträgen, in Gesprächen oder während meiner Gartenreisen immer wieder: Fällt das Wort »Bio«, blicke ich in zwei Arten von Gesichtern. In den Augen der einen leuchtet ein klares »Ja!«, Ausdruck einer Grundhaltung, dass das Leben logisch Bio ist. Diese wollen auch begierig mehr über biologischen Pflanzenschutz wissen und sind zum Glück immer öfter auch schon gut informiert. In den Gesichtern der anderen blinkt hingegen ein Fragezeichen auf. »Ja, wie soll denn das alles ohne Chemie gehen?« »Dieses ganze Gerede um Bio ist ja nett, aber wir haben doch die letzten Jahrzehnte auch Blaukorn gestreut und Roundup gespritzt.«

Wenn ich Roundup höre, habe ich nur noch eines im Gesicht: ein großes Rufzeichen! Finger weg! Denn dieses Breitbandherbizid des US-Konzerns Monsanto

ist hochgiftig und – obwohl höchst umstritten – leider immer noch zugelassen. Es wird weiterhin zur Vernichtung von »Unkräutern« sowohl in der Landwirtschaft als auch im Haus- und Hobbygarten eingesetzt – und das, obwohl in Medien seit Jahren eine intensive öffentliche Auseinandersetzung über die gesundheitlichen Gefahren des glyphosathältigen Mittels stattfindet. Glyphosat ist das mengenmäßig auf der Welt am meisten verwendete Herbizid und wurde zuletzt von der Weltgesundheitsorganisation (WHO) als

> Es ist mehr als logisch: Alles, was Pflanzen flächenmäßig vernichten kann, kann auch uns vernichten.

»wahrscheinlich krebserregend« eingestuft. Schon der Hausverstand sagt, dass ein natürlicher, schonender Umgang mit der Natur für Pflanzen, Tiere und Menschen gesünder ist als der Einsatz von Chemiecocktails. Auch die Wissenschaft liefert dafür mehr und mehr Belege. So wurde bereits festgestellt, dass jene Pflanzen, die mit chemischen Mitteln behandelt wurden, durch ein Mikroskop betrachtet, ein deutlich schlechteres »Bild« abgeben als biologisch gewachsene Pflanzen. Kaputte Zellen und ein buchstäblich zerrissenes Innenleben kennzeichnen diese Pflanzen – im Gegensatz zu wunderschönen und inspirierenden Zellstrukturen biologischer Proben.

ANGELIKAS TIPP:

BIO = Bin In Ordnung: Die Natur hat die intelligenteste Ordnung und mit Chemie bringen wir sie durcheinander.

Das Wort »Öko-logie« kommt von den griechischen Begriffen »oikos« (Haus) und »logos« (Lehre): »Haushalt der Natur«

Ich bin der festen Überzeugung, dass sich aufgrund von Profitgier, Lobbyismus und einschlägiger Berichterstattung in den Medien über die letzten Jahre ein grund-legender Fehler in unserem Denken ein-geschlichen hat. Ein Systemfehler, der die Grundlagen unseres Lebens berührt und uns letztlich unsere Wurzeln vergessen ließ. Die Folge: Der literweise Einsatz von Giften und Spritzmittel in Gärten und Gartenbaubetrieben – auch ich selbst bin damit aufgewachsen. Während meiner Ausbildung lernte ich seitenweise Spritz-mittel auswendig. Mir war schon damals nicht ganz wohl dabei und ich wusste

instinktiv, dass ich damit in Zukunft nichts zu tun haben wollte.

Innerhalb der vergangenen zehn Jahre fand zum Glück vielfach bereits ein Umdenken statt. Biologischer Pflanzenschutz wird nun auch in den Schulen gelehrt, auch das Pflanzenschutzmittelgesetz hat sich ver-schärft – eine erfreuliche Entwicklung! Mir geht es nicht darum, Schuldige für Sünden der Vergangenheit zu suchen und jeman-dem den schwarzen Peter zuzuspielen, sondern einzig darum, dieses Umdenken weiterhin zu forcieren und das Gärtnern wieder in eine gesunde, bio-logische Rich-

tung zu lenken. Dazu leiste ich aus vollstem Herzen meinen Beitrag und möchte Bewusstsein dafür schaffen, den eigenen Hausgarten biologisch und im Sinne des ökologischen Gedankens zu führen.

Wer ökologisch gärtnern will, muss sich zu allererst mit folgendem Gedanken anfreunden: Auch Schädlinge haben einen Sinn und eine Aufgabe im Garten. Sie zeigen Schwachstellen schonungslos auf und weisen darauf hin, dass etwas aus dem Gleichgewicht geraten ist. Schädlinge helfen uns, schwache und kranke Pflanzen zu orten und zu entfernen. Und wenn wir auch verstehen, warum diese krank sind, dann sind wir noch ein wenig mehr ökologischer Gärtner und können dem Ungeziefer sogar ein bisschen dankbar sein.

gnadenlos an den Pflanzenlieblingen vergeht. Viele von uns kennen das. Ich selbst patrouillierte zum Beispiel letztes Jahr rekordverdächtig oft mit der Stirnlampe des Nächtens durch meinen Garten – bloß um zu sehen, wie sich die Kupferringe um meine Beete gegen die Schnecken bewähren bzw. um mich zu vergewissern, ob der Biofaser-Schutzwall vor meinen Kohlpflanzen der Schnecken-Invasion standhält.

In diesen Momenten sind auch meine Nerven bis aufs Äußerste strapaziert. In manchen Nächten – ich gestehe – stand ich schreiend und verzweifelt im Garten und wusste mir in meiner Wut nicht mehr anders zu helfen, als die Schnecken mit aller Kraft, so weit ich konnte, aus meinem Garten zu schmeißen, und ihnen sehr Un-

ANGELIKAS TIPP:

Ist der Garten im Ungleichgewicht, zeigt er dies rasch durch Pflanzenkrankheiten und Schädlinge. Der Boden ist die Grundlage – dieser gehört biologisch genährt. Dann geht es auch den Pflanzen gut.

> »Die Frage ist weniger, ob Pflanzen intelligent sind, als vielmehr, ob wir intelligent genug sind, sie zu verstehen.«

Ian T. Baldwin, US-Ökologe

Ebenso wird es immer wieder vorkommen, dass zu viele Wildkräuter dort wachsen, wo man sie nicht haben möchte. Möglicherweise mit gutem Grund. Diesem Grund nachzuspüren, kann für den Gärtner sehr lohnend sein.

Klar kann ein Schädling einen Gärtner auch zur schieren Verzweiflung bringen, wenn eine Population überhand nimmt und sich

schönes nachzuschreien, das ich an dieser Stelle lieber nicht wiederholen möchte. Ja, manchmal kommt man auch als erfahrene Gärtnerin an seine Grenzen und fühlt sich fast machtlos. Aber nur fast! Was Sie etwa gegen die lästigen Schleimer unternehmen können – jenseits der Methoden Schneckenweitwurf, hysterisches Anschreien, formale Einreiseverbote und regelmäßige Amokläufe – erfahren Sie auf Seite 56.

43

Ernteglück durch
biologischen
Pflanzenschutz

Auch der Kohlweißling hatte im vergangenen Jahr Hochsaison in meinem Garten und feierte bis Ende Oktober wahre Fressorgien an meinen Wintersalaten.

Zauberwort »Kooperation mit der Natur«

Bio-logischer Pflanzenschutz ist weitaus mehr als die Bekämpfung von Schädlingen und Krankheiten. Es ist vielmehr eine Grundhaltung. Und die Bereitschaft, dass wir eine Kooperation mit der Natur eingehen und von ihr lernen. Das Verständnis von Ursache und Wirkung. Schließlich ist es der Mensch, der sein Gartenstück nach seinen Bedürfnissen ausrichtet und grundsätzlich das Gleichgewicht stört. Wir säen Pflanzen so früh wie möglich, damit wir rasch ernten können, eventuell noch auf schlechten Böden, weil die Siedlung auf Schutt gebaut worden ist – und dann verlangen wir auch noch den höchstmöglichen Turbo-Ertrag. Eine Rechnung, die nicht aufgeht.

Aufgehen wird sie nur in einem gelebten Miteinander und wenn es gelingt, ein Gleichgewicht herzustellen. Wenn wir die Gesunderhaltung unserer Pflanzen als höchstes Ziel verfolgen, dann werden wir uns auch einer glücklichen Ernte erfreuen.

Die gute Nachricht: Ja, es geht!

In diesem Kapitel werde ich auf die fiesesten Schädlinge im Garten eingehen und auf jene Pilze, die uns Gärtnern das Leben schwer machen. Im Fokus stehen biologische Methoden, mit denen Sie ungebetene Gäste wieder loswerden können. Logisch, dass wir auf chemische Mittel verzichten – denn sie töten auch Nützlinge, unsere Helfer im Garten. Ein Gleichgewicht im Garten braucht stets eine Balance aus Nützlingen und Schädlingen. Je mehr sich dieses einpendelt, umso weniger Probleme mit Fraßfeinden aller Art. Zudem rate ich zur Gelassenheit: Ein paar Läuse haben noch keiner Rose geschadet.

ANGELIKAS TIPP:
Wenn die Pflanzen kränkeln, dann hat das meist mit dem Boden zu tun, nicht mit der Pflanze!

DIE GOLDENE REGEL
DAS IMMUNSYSTEM DER PFLANZEN STÄRKEN

Pflanzenschutz beginnt schon bei der Planung eines Gartens. Bepflanzung und Gestaltung der Beete sollten unbedingt an die Beschaffenheit des Bodens, an den Standort sowie die Lichtverhältnisse angepasst sein.

1) Je besser der Boden, umso stärker die Pflanzen!

Es ist wie bei uns Menschen: Je besser und ausgewogener wir uns ernähren, umso gesünder sind wir! Auch wenn der Nachbar rotzt und hustet – wir sind widerstandsfähig! Ein humoser, nährstoffreicher Boden schafft die Grundlage für gesunde Pflanzen.

2) Vielfalt im Garten erhöht die Abwehrkräfte

Die Mischung macht's! Je mehr verschiedene Pflanzen im Garten Raum finden, desto mehr Nützlinge werden sich ansiedeln und umso mehr unterschiedliche Düfte werden die Quälgeister vertreiben. Die Kommunikation unterschiedlicher Pflanzen untereinander stärkt auch deren Immunsystem gegen Angriffe von außen (siehe S. 100).

3) Effektive Mikroorganismen (EM) verwenden

Ich empfehle einfache Spritzungen und regelmäßiges Gießen mit EM:

> GIESSEN: 1 Verschlusskappe auf 10 Liter jede Woche; eine Gießkanne pro Hochbeet
> SPRITZEN: 1 Teil EM, 20 Teile Wasser, drei- bis viermal hintereinander im Abstand von 3 bis 4 Tagen.

Diese fermentierte Flüssigkeit mit Milchsäurebakterien und Hefe wirkt vorbeugend gegen viele Schädlinge und Pilze. Zusätzlich wird das Immunsystem gestärkt.

4) Allrounder »OleumViva«

Dabei handelt es sich um eine ätherische Ölmischung (vormals »InsekEnd«), die im Handel erhältlich ist und mit der ich beste Erfahrungen gemacht habe. Die Pflanzen werden durch die verschiedenen Öle gestärkt und die Schädlinge nehmen Reißaus. Ein paar Tropfen in eine Spritzflasche mit Wasser geben, gut schütteln, fertig (ideal bei befallenen Rosen, aber auch für Gemüse, Obst und Zimmerpflanzen).

Duftet herrlich und wirkt gegen Schädlinge. Vor allem auch für Pflanzen im Wohnbereich bestens geeignet.

5) Die Natur beobachten und mit ihr zusammenarbeiten

Der Garten ist der beste Lehrmeister. Sich Tricks der Natur abzuschauen und anzueignen, wird Ihrem Garten nur guttun. Dazu gehört etwa, einen Asthaufen ruhig einmal liegen lassen. Im Totholzlager finden Kleintiere wie Igel, Vögel oder Mäuse Unterschlupf – eine willkommene Residenz für Nützlinge. Der Garten ist kein Platz für Pedanterie und muss nicht tipptopp zusammengeräumt ausschauen wie das Wohnzimmer von Mister Monk. Es handelt sich um eine »natürliche Unordnung«, auch wenn Ihr Nachbar das nicht auf den ersten Blick erkennt ...

Generell gilt: Je mehr es kreucht und fleucht, je mehr es krabbelt und flattert, je mehr Kleintiere zu sehen und zu hören sind, desto besser: ob Marienkäfer, Laufkäfer, Spinnen, Bienen, Kröten, Vögel und Echsen. Auch wenn manche von Ihnen das nicht gerne lesen, aber gerade auch Blindschleichen sind ein gutes Zeichen und adeln jeden Gartenbesitzer. Denn sobald Gift gestreut wird, verschwinden diese wieder.

Ein tolle Möglichkeit, die Lebendigkeit im Garten zu erhöhen, ist das Anlegen von Wildblumenwiesen (siehe S. 170). Diese dienen auch Vögeln als reich gedeckter Tisch. Um gefiederte Arten anzulocken, bedarf es auch geeigneter Nist- und Brutplätze. Ideal dafür sind Beeren tragende Gehölze, die den Vögeln sowohl Nahrung als auch Schutz vor Feinden bieten. Bestens geeignet: Kornelkirsche, Felsenbirne, Berberitze, Sanddorn, Johannisbeere, Weißdorn oder Haselnuss.

→ HITPARADE ←
der Wildsträucher, die Vögel am meisten lieben

VOGELBEERE: 63 Vogelarten
SCHWARZER HOLUNDER: 62 Vogelarten
EINGRIFFELIGER WEISSDORN: 32 Vogelarten
HUNDSROSE: 27 Vogelarten
HARTRIEGEL: 24 Vogelarten
TRAUBENKIRSCHE: 24 Vogelarten
GEMEINE EIBE: 24 Vogelarten
GEWÖHNLICHER SCHNEEBALL: 22 Vogelarten
LIGUSTER: 21 Vogelarten
BERBERITZE: 19 Vogelarten
KREUZDORN: 19 Vogelarten
SANDDORN: 16 Vogelarten
WOLLIGER SCHNEEBALL: 15 Vogelarten

Quelle: Natur im Garten

Hundsrose

Schwarzer Holunder

NÜTZLINGE

DIE HELFER IM GARTEN

Laufkäfer

Frisst kleine Schnecken und Schnecken-eier. Er überwintert in den Halmen von Gräsern und im Staudengeäst.

Marienkäfer

Glücksbringer und »heiliges Tier«. Die Larve kann bis zu 800 (30 pro Tag), der Käfer insgesamt 4000 Blatt- und Schild-läuse sowie Spinnmilben vernichten.

ANGELIKAS TIPP:

Holzwolle in Blu-mentöpfe geben und diese verkehrt herum aufhängen – die ideale Wohnung für Ohrwürmer.

Florfliege

Vertilgt bis zu 500 Blattläuse in der Ent-wicklungsphase von 8-18 Tagen, die Larven werden »Blattlauslöwen« genannt.

ANGELIKAS TIPP:
Wenn Sie den Garten im Frühjahr zurückschneiden, dann sind die Winterhotels für die Nützlinge bezugsfertig: Gräser, Halme, Äste und vieles mehr. Im Biogarten wird erst alles im Frühjahr geschnitten.

Raubmilben

Nützling gegen Spinnmilben, die Rote Spinne und Rostmilben auf Obstgehölzen.

Spinnen

Die Krabbeltierchen essen bevorzugt Blattläuse, Wanzen und Raupen. In unseren Gärten heimisch sind Webspinnen und Laufspinnen.

Schmetterlinge

Die wichtigsten Blütenbestäuber neben den Bienen. Daher Brennnesseln wachsen lassen, die Futterquelle für die Raupen von 50 Schmetterlingsarten!

Vögel

Vertilgen Insekten, Puppen und Larven und erfreuen uns mit Anblick sowie Gesang.

Schwebfliege

Die kopf- und augenlosen Larven fressen an die 100 Läuse pro Tag, meist legen sie ihre Eier direkt in Blattlauskolonien ab. Zudem sind sie wichtige Blütenbestäuber.

Ohrwürmer

Ernähren sich von Blatt- und Blutläusen sowie Spinnmilben.

49

MEHLTAU UND CO.
HILFE GEGEN PILZE

Sie sind neben den tierischen Schädlingen die »liebsten« Feinde des Gärtners: Pilze bzw. Pilzerkrankungen. Das Lieblingsszenario für Pilze sind ein feuchtes und warmes Wetter sowie wenig belüftete Plätze und Räume. Darin gedeihen sie prächtig – zum Leidwesen des Gärtners.

Mehltau

Falscher und Echter Mehltau. Erreger des Echten Mehltaus befallen Blätter, die sich zunächst mit mehlartigem Film überziehen und sich später braun verfärben und vertrocknen. Die Pilze des Falschen Mehltaus dringen noch tiefer in die Pflanze ein und bilden einen weißlichen Belag an der Blattunterseite.

WAS HILFT?
> EM und eine Milchmischung: 1 Teil Frischmilch und 9 Teile Wasser – diese Mischung in eine Spritzflasche geben und auf die kranken Pflanzenteile spritzen
> Ätherische Öle

Grauschimmel

Grauer, dichter Film auf der Pflanze, befällt als Schädling über 235 Wirtspflanzen.

WAS HILFT?
> Basilikum daneben pflanzen
> Zugluft fördern, wenn nötig Platzwechsel
> EM-Spritzungen durchführen

Blattfleckenkrankheit

Befällt alle möglichen Pflanzen wie Zucchini, Rüben, auch Himbeeren. An Pflanzenblättern entstehen Löcher und Flecken. Die Pflanzen werden häufig zu einem späteren Austrieb angeregt. Erreger können im Laub überwintern.

ANGELIKAS TIPP:
Ätherische Öle wirken in der Pilz- und Schädlingsbekämpfung Wunder. Mit Fenchelöl gegen Mehltau habe ich super Erfahrungen gemacht.

VORBEUGUNG & Erste Hilfe

> Abgestorbene Pflanzen verbrennen
> Befallene Pflanzenteile nicht auf den Kompost geben
> Desinfektion mit Kalk
> Werkzeuge stets sauber halten bzw. mit Essig abwaschen
> Fruchtwechsel bei Gemüse einhalten

> Bei Spritzungen mit Milch, ätherischen Ölen oder EM: immer früh morgens oder abends spritzen. Die Mittagszeit ist dafür ungeeignet und würde die Pflanzen verbrennen.
> Knoblauchjauche wirkt antibiotisch und damit gegen Pilze und Bakterien

Ein weißer Film ist typisches Anzeichen für Echten Mehltau an Rosen.

WAS HILFT?
> Ätherische Öle
> EM
> Milchspritzung

Himbeerrutenkrankheit

Laub und Blüten befallener Triebe sterben vorzeitig ab. Eine gute Alternative ist es, auf Herbsthimbeeren umzusteigen, z. B. auf die Sorten »Autumn Bliss«, »Sugana« oder »Goldkind«. Deren Ruten werden im Herbst restlos abgeschnitten.

WAS HILFT?
> Himbeeren mit Ackerschachtelhalm-brühe und Brennesseljauche spritzen
> Kopfüber-Wässern bei Himbeeren vermeiden
> Im Frühjahr mit Mulch abdecken, damit weniger Feuchtigkeit entsteht

Monilia an Obst

Die Pilzarten Monilia fructigena und Monilia laxa verursachen Spitzendürre

ANGELIKAS TIPP:
Boden auf Bor-mangel kontrollie-ren. Wenn Früchte frühzeitig abfallen, könnte darin die Ursache liegen und man kann Bor eingießen. Es ist als weißes Pulver erhältlich.

und Fruchtfäule. Früchte von Kern- und Steinobst trocknen wie Mumien ein.

WAS HILFT?
> Kranke Teile entfernen
> Effektive Mikroorgansimen spritzen
> Regelmäßiger Obstbaumschnitt, damit die Früchte Licht und Luft bekommen

Sternrußtau

Tritt meist an Rosen auf. Braunschwarze Flecken auf den Blättern, die Rose verliert alle Blätter. Der Pilz überwintert in den Stielen und Knospen.

WAS HILFT?
> Ackerschachtelhalmbrühe
> EM gießen und spritzen
> Ätherische Öle

Braun- & Krautfäule

Das Schreckgespenst der Tomatenzüchter. Siehe S. 86.

Sternrußtau ist eine der häufigsten Krankheiten an Rosen.

51

TIERISCHE
»SCHÄDLINGE«
IM ÜBERBLICK

Blattläuse

Über 850 Arten sind allein in Mitteleuropa bekannt, mit ihrem Stechrüssel saugen sie süßen Pflanzsaft aus den Blättern.

WAS HILFT?
> Ätherische Öle
> EM
> Abgekühltes Kartoffelkochwasser
> Kaffee – Stellen Sie einen Espresso kalt und spritzen diesen dann mit einer Spritzflasche über die Läuse. Das Koffein ist ihnen zuviel – Herzinfarkt!
> Brennesseljauche (Verhältnis 1:50)
> Rhabarberjauche

Woll- & Schmierläuse

Gehören zur Gattung der Schildläuse, typisch ist das wollartige Gespinst, ein weißer Flausch, der sie vor Feinden schützt und die Bekämpfung erschwert.

WAS HILFT?
> Florfliegen und Marienkäfer fördern
> Öle spritzen

Rote Spinne

Die Blätter werden plötzlich weißlich-gelb und mit einem gefleckten Schleier überzogen. Auch ein zartes Gespinst ist zu erkennen. Oft ist der Standort zu trocken.

WAS HILFT?
> Florliegen fördern
> Mit Schachtelhalm und Brennnesseljauche besprühen
> Luftfeuchtigkeit durch Besprühen erhöhen

Kohlweißling

Frisst hauptsächlich Kohlgewächse an und lässt meist nur ein Skelett der Pflanze

Kohlweißling an Kohlgewächsen – die Raupen sind zuerst grün, dann gelblich.

Gesteinsmehl oder fein gemahlenen Pfeffer über die Pflanzen stauben schreckt Schädlinge ab.

übrig. Die Raupe ist zuerst grün, dann gelblich. Sie erlebt zwei bis drei Generationen pro Saison. Die Eiablage ist von Mai bis Juni.

WAS HILFT?

> Gemüsevlies über den Kohl geben ist eine einfache und wirksame Methode
> Mulchen mit Tomatenblättern oder Jauchen aus Tomatenblättern
> Mit Wermut- und Rainfarnbrühen spritzen
> Ebenfalls bestens geeignet: der in der biologischen Landwirtschaft zugelassene Bacillus thuringiensis, ein Bakterium, das der Raupe Durchfall und »Speiberitis« beschert und sie schnell ins Nirwana befördert (dreimal hintereinander im Abstand von drei Tagen spritzen)

Drahtwürmer

Die Larven des Schnellkäfers leben rund fünf Jahre bis zur Verpuppung im Boden und ernähren sich unterirdisch von Wurzeln und Sämlingen.

WAS HILFT?

> Rettichpflanzungen wirken Wunder
> Ringelblumen und Tagetes pflanzen – diese wirken auf die Drahtwürmer giftig
> Köder aus halben Kartoffeln mit einem Holzsteckerl in die Erde stecken und bei Zeiten auswechseln

Erdflöhe

Die kleinen, schwarz glänzenden Käfer fressen runde Löcher in die Blätter und Keimblätter von Kohl, Radieschen & Co. Sie bevorzugen Trockenheit.

WAS HILFT?

> Den Boden durch Mulchen feucht halten
> Erdflöhe mögen die Inhaltstoffe der Tomatenblätter nicht – das Tomatin verhindert das Wachstum der Larven
> Gesteinsmehl einstreuen und Wermutjauche eingießen

ANGELIKAS TIPP:

Grundsätzlich gegen Kleintierchen aller Art hilfreich: Feine Asche und Urgesteinsmehl oder feinen schwarzen Pfeffer in eine Strumpfhose geben und über die befallenen Fraßstellen drüberpudern. Die Tierchen, die den feinen Staub inhalieren, ersticken. Kollegen suchen das Weite.

Der nachtaktive Dickmaulrüssler

Buchtenfraßblatt eines Dickmaulrüsslers

Wühlmäuse machen vor nichts Halt und können ganze Neupflanzungen in einer Nacht abfressen.

Dickmaulrüssler

Die nachtaktiven Käfer fressen kleine Bögen und Buchten in die Blätter vieler hartlaubiger Pflanzen wie Kirschlorbeer oder Rhododendren, zudem schädigen ihre Larven die Wurzeln.

WAS HILFT?

> Am besten Sie bringen im Frühjahr und Herbst Nematoden (Fadenwürmer) in den Boden ein, diese parasitieren die Larven und bringen sie zum Absterben.

Ameisen

Die grundsätzlich nützlichen Insekten können auch Pflanzenschäden anrichten, da sie den Boden verwühlen und Blattläuse wie Weidevieh halten.

WAS HILFT?

> Lavendelöl
> Ysop
> Zitronenscheiben
> Backpulver
> Zimtpulver
> Den Bau wegtragen

Zünsler

Ein Schrecken für jeden Buchsbaumbesitzer, der auch riesige Anlagen binnen kurzer Zeit niederfrisst. Der Vielfraß wurde aus Asien eingeschleppt und hat bei uns keine natürlichen Feinde – ein paar Vögel haben sich an den bitteren Geschmack der gelblich-grünen Larve gewöhnt, auch die Blindschleichen und die Echsen vertilgen ihn zunehmend. In meinen Buchskugeln habe ich mit Freude schon des Öfteren Blindschleichen schmausend entdeckt.

Die Zünslerraupe ist unverkennbar und macht gespinstartige Nester.

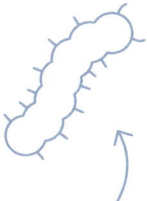

Vielfraß aus Asien – die Zünslerraupe

WAS HILFT?

> Spritzen mit »Bacillus thuringiensis« (siehe Kohlweißling)
> Mischung aus Ölen, Backpulver und EM
> Urgesteinsmehl fein auftragen, dadurch ersticken die Larven

Wühlmäuse

Die Nager gehören im Vergleich zu Käfern und Larven zu den größeren Untermietern im Garten, groß sind auch die Schäden, die sie anrichten. Wühlmäuse machen vor nichts Halt und können ganze Neupflanzungen in einer Nacht abfressen – für Gartenbesitzer ein Grund zum Heulen!

Daher lautet die Devise hier: Alle Gegenmaßnahmen ausprobieren – außer Gift! Zunutze machen kann man sich den feinen Geruchsinn der Tiere.

WAS HILFT?

> Die Gänge mit EM eingießen, 5 bis 7-mal und das zu Mittag (1:20 verdünnt)
> Holleräste und Hollerjauchen haben sich bei vielen meiner Gartenfreunde bewährt
> Thujenjauchen vertragen sie ebenso wenig wie fein geschnittene Thujenäste in den Gängen
> Manche schwören auch auf mechanische Fallen, bevor die Nager alles auffressen

55

Schneck, lass nach!

Damit kommen wir zu meinem »Lieblingsthema«: Schnecken checken! Seit sich die spanische Wegschnecke in den 70er Jahren in unseren Gärten breit machte, hat das Grauen eines Gartenbesitzers einen Namen und eine (schleimige) Gestalt. Schnecken wurden zum Sinnbild aggressiver Eindringlinge und zum Feindbild einer Gärtnergeneration. Verzweifelt fragen viele: Was tun gegen die Weichtiere, die gerade dann in Massen auftreten, wenn wir die ersten frischen Gemüsepflanzen gesetzt haben? Ich gebe zu, auch ich habe schon des Öfteren mit ihrer Existenz gehadert und sie vorwurfsvoll gefragt: »Welchen Auftrag habt ihr denn überhaupt?« Aber meine Frage blieb stets unbeantwortet. Klar ist, sie haben in unseren Breiten keine natürlichen Feinde – außer Laufenten, Enten und Hühner. Und dann ist da noch der Mensch.

Ich erinnere mich gut daran, dass es in unserer Gärtnerei Jahre gab, in denen manch Schneckenplage mich und meine Geschwister beinahe »reich« werden ließ! Iris und Gladiolen im Beet waren übervoll mit den schleimigen »Nackabatzerln«. Von meinem Vater bekamen wir einen Groschen – tja, falls jemand umrechnen will – pro eingesammelter Schnecke.

Ich denke, diese Mitarbeit im Betrieb hat mich damals so abgehärtet, dass ich bis heute keine Scheu habe, die Kreaturen mit bloßen Händen anzugreifen – und schon fliegen sie in hohem Bogen hinfort in meinem spontan veranstalteten Schneckenweitwurffinale.

Eine Methode, sie sich vielleicht zum kurzfristigen Abreagieren eignet, aber als nachhaltiger Umgang mit dem Schnecken-Thema lautet meine Empfehlung eindeutig: Kombinieren Sie so viele Anti-Schnecken-Varianten wie möglich! Zugrunde liegt aber immer der Gedanke: Je mehr Vielfalt im Garten, desto robuster die Pflanzen. Und je weniger Fäulnis im Beet, desto weniger treten Schnecken auf den Plan!

ANGELIKAS TIPP:
Kombinieren Sie verschiedene Methoden gegen die Schleimer. Auch Schutz-Rundum-Pflanzungen mit Lavendel und Thymian sind eine gute Abwehr.

WAS HILFT NUN WIRKLICH?

> Lockern Sie den Boden im Frühjahr. Die Eilager werden an die Sonne geholt und damit trocknen die Eier aus.

> Fördern Sie ihre Feinde! Laufkäfer und Blindschleichen haben die Schneckeneier auf der Speisekarte.

> Mulchen Sie mit **Flachshäcksel**, **Fichtennadeln** oder **Biofaser**, diese schaffen eine Barriere. Auch über Schafwollmatten schleimen sie ungern. Mulchen Sie mit Beinwell-, Tomaten- und Brennnesselblättern! Konsequentes Mulchen vertreibt Schnecken.

> Abhilfe schafft auch biologisches Anti-Schnecken-Korn, basierend auf Eisenphosphat, das für Haustiere und Igel unbedenklich ist. Vermeiden Sie chemisches Schneckenkorn!

> Schneckenbarrieren stellen auch Kupferringe dar. Ich beschütze meine heiligen Pflanzen mit Kupferbändern.

> Verwenden Sie Neem-Produkte. Diese nicht in den Boden einarbeiten. Auch der sogenannte »Schneckenschreck« ist ein reines Naturprodukt.

> Auch Hochbeete bieten guten Schutz. Sie sollten nur darauf achten, dass die fürs Hochbeet verwendete Erde nicht bereits von Schneckeneiern verseucht ist.

> Verwenden Sie Rhabarber-, Knoblauch- und Tomatenjauche!

Biofaser

Kupferumrandung

Kaffeesud

Kaffeesud ist ein altbewährtes Mittel gegen Schnecken. Immer wieder frisch auftragen.

Flachshäcksel

Schnecken-Eiablagen kann man oft durch oberflächliche Bodenbearbeitung ausfindig machen.

> Pflanzen mit EM besprühen! Schnecken mögen säuerlichen Fermentierungsgeruch nicht, lieben aber den Geruch von Fäulnis.

> Schaffen Sie mit Kaffeesud einen natürlichen Schneckenzaun im Beet, denn Schnecken meiden starken Kaffeegeruch. Auch Lavendelduft meiden die Schleimer.

> Grauslich, aber oft nicht anders möglich: Schnecken absammeln und ins Jenseits befördern. Nicht zerschneiden! Denn sie sind Kannibalen, die vom Duft der verwesenden Artgenossen angezogen werden.

> Wenn Sie Lust haben, Homöopathie im Garten zu probieren, dann versuchen Sie es mit **Helix tosta** D6 (Globoli) gegen Schnecken. Viele meiner Gartenbesucher haben wie ich selbst damit gute Erfahrungen gemacht. So habe ich z. B. eine Fläche Hostas – auf der Esshitparade der Schleimer sonst ganz weit oben – damit übergegossen und hatte Erfolg: Die Hostas blieben lochfrei!

Anleitung für die ersten Homöopathie-Schritte im Garten

> Zum Angießen von Jungpflanzen und zum Dosiserhalt: 10 Globuli auf 10 Liter. Im Akutfall und bei starkem Schneckenbefall: ½ Teelöffel auf 10 Liter Wasser, anschließend das Gemisch mindestens zwei Stunden stehen lassen, besser noch über Nacht. Am nächsten Tag das Gießwasser gut umrühren und damit die Pflanzen besprühen und gießen. Bewährt hat sich schon ein Angießen der Jungpflanzen.

> Dann alle ein bis zwei Wochen Pflanzen besprühen oder überbrausen, im Außenbereich vor allem nach Regenperioden.

→ WANTED! ←
*Auf einen Blick:
Wer ist der Übeltäter?*

KOHLWEISSLING: Fraßspuren an Kohlgewächsen und Radieschen

DRAHTWÜRMER: Fraßspuren und Löcher an Wurzelgemüse

ERDFLÖHE: Siebartig durchlöcherte Blätter

DICKMAULRÜSSLER: Runder Buchtfraß an hartlaubigen Blättern

SCHILDLÄUSE: Braune Höcker auf der Blattunterseite und den Stielen

THRIPS: Silbrige Blätter, die braun werden und abfallen

WÜHLMÄUSE ODER DRAHTWÜRMER: Welke Pflanzen und angefressene Wurzeln

SPINNMILBEN: Feines Gespinst an den Blättern und in den Blattachseln

SCHNECKEN: Schleimspuren und Löcherfraß

ROSTPILZ: Bräunliche, orange Flecken auf den Blättern

SCHORF: Runde schwarze Flecken auf Blatt und Frucht

GRAUSCHIMMEL: Mit einem Pilzrasen überzogene Früchte

MEHLTAU: Mehlig-weißer Belag auf den Knospen und Blättern

MONILIA: Runzelige, mumienartige Früchte und abgedörrte Spitzen und Blätter

JAUCHEN, BRÜHEN UND AUSZÜGE
SO GEHT'S!

Puh, das stinkt!!

Mit folgenden Rezepturen für Jauchen, Brühen und Kaltwasser stärken Sie das Immunsystem Ihrer Pflanzen nachhaltig.

Brennnesseljauche

> Sehr stickstoffreich und daher perfekt für Starkzehrer (Tomaten, Kohlgewächse …)
> 1 kg frisches Pflanzenmaterial auf 10 Liter Wasser

> 2-3 Wochen an der Sonne gären lassen, wenn das Blubbern an der Oberfläche aufhört und die Jauche richtig stinkt, dann ist sie fertig.
> Damit sie weniger stinkt, geben Sie EM, Baldriantropfen, eine Handvoll Urgesteinsmehl dazu. 1:10 bis 1:50 anwenden. Info: 1:10 heißt 1 Teil Jauche und 10 Teile Wasser.

Kaltwasserauszüge

> Beinwell, Brennnessel oder Tomatenkraut wird in Wasser eingelegt und 24 Stunden eingeweicht. Danach wird das Kraut abgesiebt und der Auszug unverdünnt gegossen und gespritzt. Brennnesselauszug ist sehr effektiv gegen Läuse und zur schnellen Stärkung der Pflanzen, Tomatenauszug ideal gegen den Kohlweißling.
> Beinwell ebenso zur Stärkung der Pflanzen, denn die Blätter enthalten viel Stickstoff und Kali.

Rhabarberbrühe

> ½ kg Blätter auf 3 Liter Wasser
> Aufkochen, absieben und auskühlen lassen
> 1:2 bis 1:3 anwendbar. Wirkt gegen Blattläuse und Lauchmotten, auch gegen Wühlmäuse und Schnecken.

ANGELIKAS TIPP:
Tauchen Sie in die Tonne einen Kartoffelsack ein und geben Sie dort die Brennnesseln rein – so lässt sich das Pflanzenmaterial leicht aussieben, indem Sie den Sack nach 3 Wochen rausziehen.

Rainfarnbrühe

> 50 Gramm Blüten auf 1 Liter Wasser aufkochen, aussieben und abkühlen lassen.
> Unverdünnt oder 1:3 anwendbar. Wirkt gegen Mehltau, Rost und auch Gallmilben im Frühjahr.
> Eine Mischung aus Rainfarn- und Schachtelhalmbrühe hat sich besonders gegen Blattläuse bewährt.

Schachtelhalmbrühe

> Stärkend und schützend zugleich
> Diese Brühe wirkt hervorragend gegen Pilzerkrankungen an Rosen und Gemüse, denn in den Zellwänden wird Kieselsäure eingelagert und das stärkt die Pflanze.
> Diese sollte im Frühjahr gleich vorbeugend angewandt werden.
> Nach zwei Jahren haben sich meine Rosen zur Gänze von dem immer wiederkehrenden Sternrußtau erholt. Gießen Sie kranke Pflanzen damit ein und spritzen Sie diese 3–5 mal pro Saison.

SO GEHT'S!
Nehmen Sie 1 kg Pflanzenmaterial auf 10 Liter Wasser. 24 Stunden stehen lassen und dann den Ackerschachtelhalm noch 30 Minuten köcheln lassen, dann löst sich die wertvolle Kieselsäure aus den Wänden der Halme. 1:5 bis 1:10 verdünnt gießen und spritzen!

Zwiebelschalenbrühe und/oder Knoblauchbrühe

> 20 Gramm Zwiebelschalen oder Knoblauch auf 1 Liter Wasser
> 5 Tage stehen lassen und unverdünnt gegen Kraut und Knollenfäule anwenden

Ackerschachtelhalm wird auch Katzenschweif genannt und stärkt als Jauche verarbeitet die Pflanzen nachhaltig.

Brennnesseljauche wirkt gegen Läuse.

UND WELCHES BEET MACHT SIE GLÜCKLICH?

Boden, Hügel oder Hoch? Die Frage des richtigen Beetes ist auch eine Frage des richtigen Bodens und Ihrer persönlichen Präferenzen. Was für bodennahes und was für höher gelegtes Gemüse spricht und warum ich heute ein Fan des »Gärtnerns in der Bel-Etage« bin.

Ich liebe die
Hochbeete in meinem
Garten! ♡

Was macht einen Garten eigentlich zu einem Garten? Eine Frage, die seit jeher Philosophen ebenso wie Landschaftsplaner beschäftigt. Antworten gibt es viele – das alleinige Aufstellen von Gartenzwergen lasse ich übrigens nicht gelten. Was einen Garten wirklich ausmacht, sind natürlich seine Beete, in denen wir auf (mehr oder weniger) abgeteilten Flächen Gemüse, Kräuter und Stauden säen, pflanzen und ernten wollen. Aber Beet ist nicht gleich Beet – es gibt unterschiedliche Beetarten mit unterschiedlichen Anforderungen.

Zur Ausgangsposition: Sie haben sich vielleicht gerade ein neues Grundstück zugelegt oder einen Garten von Ihren Eltern oder Großeltern geerbt. Oder Sie haben bereits einen bestehenden Garten und die Kinder sind mittlerweile so groß, dass die Sandkisten wieder von der Grünfläche weichen können. Jedenfalls stehen die Zeichen auf Gärtnern – und damit auf Gartengestaltung. Gartenplanung heißt aber vor allem auch Beetplanung und daher stellt sich zu Beginn eine der Basisfragen: Welches Beet passt zu mir?

Grundsätzlich haben Sie die Wahl zwischen drei einfachen Beetvarianten: einem Bodenbeet, einem Hügelbeet und einem Hochbeet.

65

BODENBEET

DER KLASSIKER

Die meisten Gärtner setzen auf die herkömmlichste Variante des Gärtnerns: auf ein klassisches Bodenbeet. Mehrere Beete für unterschiedliche Pflanzen – am besten natürlich in Mischkultur. Zu Beginn wird die Erde aufgelockert oder eine Stelle in der Sonne umgegraben, damit man entsprechend Gemüse anpflanzen kann. Das Bodenbeet ist ideal für den Start und für die Lust am Probieren. Wichtig: Davor sollte man immer auch die Qualität von Boden und Erde checken!

Bodentypen

Ein Beet ist immer nur so gut wie die Qualität des Bodens. Wir unterscheiden im Garten folgende Bodenarten:

Humose Böden sind nährstoffreich, luftdurchlässig, krümelig, dunkel und riechen – vertrauen Sie ruhig Ihrer Nase – nach frischem Waldboden. Der Traum jedes Gärtners, die Böden sind leicht zu bearbeiten und eine Wohlfühlzone für Pflanzen.

Sandige Böden sind sehr wasserdurchlässig und erwärmen sich im Frühjahr rasch. Auch diese Böden sind leicht zu bearbeiten, haben aber aufgrund ihrer Durchlässigkeit einen größeren Nährstoff- und Wasserbedarf. Kompost untermischen!

Lehm- und Tonböden können zwar gut Nähstoffe speichern, neigen aber zum Verdichten und zur Staunässe. Das Wasser versickert schlecht, dadurch können Pflanzen gewissermaßen »absaufen«. Immer wieder Mulchen und Sand einarbeiten!

Kalkhaltige Böden haben eine hohen pH-Wert und sind wasserdurchlässig. Diese Böden sind trocken und nährstoffarm und sollten daher gut gewässert und stets nachgedüngt werden.

In der Natur kommen reine Sand- oder Lehmböden nicht vor – Mischböden sind die Regel. Es ist wichtig zu wissen, welcher Boden im Garten zur Verfügung steht. Denn Starkzehrer wie Kohl und Zucchini werden auf Sandböden nicht gut wachsen, da diese zu wenige Nährstoffe aufweisen. Rhododendron und Azaleen wiederum wachsen nur gut auf sauren Böden (niedriger pH-Wert). Optimal sind Humusböden mit gleichem Lehm- und Sandanteil.

Im glücklichen Fall humoser Böden wird Ihnen das Beet sicherlich guten Ertrag bringen. Schwere, lehmige Böden müssen

Bei sandigen Böden muss häufig gegossen werden

ANGELIKAS TIPP:

Nur wenn der Boden ganz dicht ist, sollte umgegraben werden. Ich lockere die Beete im Frühjahr nur mit einer Hacke auf.

Das Bodenbeet ist ideal für den Start und für die Lust am Probieren.

immer wieder gemulcht werden. Auf sandigen Böden fließt das Wasser rasch ab – daher wäre es wichtig, die Beete immer wieder zu gießen. Der Vorteil: Südländische Kräuter wie Thymian, Rosmarin, Majoran und Lavendel fühlen sich hier sehr wohl und entfalten ihr bestes Aroma.

VORTEILE

> Man kann ohne große Vorarbeiten mit dem Pflanzen starten.
> Kleine Flächen kann man rasch bewirtschaften.
> Ist der Boden gesund und das Bodenleben in Ordnung, dann ist eine gute Ernte sicher.
> Beet muss weniger oft gegossen werden.

NACHTEILE

> Weniger Ertrag auf kargen Böden – sie erfordern Maßnahmen, um das Bodenleben zu verbessern.
> Boden regelmäßig lockern.
> Neigt man zu Rückenproblemen, kann das Bearbeiten eines Bodenbeets zur Qual werden.
> Wühlmäuse kommen leicht an Ihr Gemüse.
> Handelt es sich um einen Lehmboden, dann gibt es definitiv eine bessere Wahl des Beets.
> Bei Starkzehrern muss immer wieder mit organischem Dünger gedüngt werden, damit Humusaufbau stattfinden kann.

Bodenbeet – vor dem Start die Qualität des Bodens prüfen!

67

HÜGELBEET

DER FRUCHTBARE

Auf fruchtbaren Hügeln gärtnern – das beschreibt die Methode des Hügelbeets. Hier werden Beete zu Hügeln ohne Einfassung aufgeschüttet, deren Kern mit Zweigen und Pflanzenabfällen gefüllt ist. Egal, wie mager, steinig oder lehmig der Unterboden ist, das Hügelbeet schafft ein fruchtbares Gemüseland – und ist auch schnell gemacht! Zudem vergrößert sich die Anbaufläche um rund 20 Prozent gegenüber dem Bodenbeet, für manche Kleingärtner ein wichtiges Kriterium, denn jede Karotte mehr löst Freude aus. Der Aufbau geht jedenfalls schneller als der eines Hochbeets – bei vergleichbarer Fruchtbarkeit. Hügelbeete werden in

Nord-Süd-Ausrichtung gebaut, damit sich die Sonneneinstrahlung gleichmäßig verteilt.

Die Erde erwärmt sich durch die Verrottung im Innenleben schneller, das heißt, man kann auch ein wenig früher mit den Saaten beginnen und auch früher auspflanzen. Gerade für Starkzehrer ist das ein Wachstumsvorteil.

Aufbau eines Hügelbeets

Die unterste Schicht ist eine Mischung aus Ästen, Laub, trockenen Staudenresten, Heckenschnitt und Pferdemist.

ANGELIKAS TIPP:

Das Hügelbeet ist die preiswerte Alternative zum Hochbeet und schnell angelegt. Damit Sie genug Erde zum Abdecken haben, können Sie auch zuerst einen Aushub machen, das Häckselmaterial einfüllen und die Aushuberde dann auf den Hügel verteilen.

Rasenschnitt oder Heu als Abdeckung verhindert Wildwuchs auf den Hügelbeeten und sorgt für zusätzliche Bodenstärkung durch Mulchen.

Nach oben hin werden die Teile kleiner – man verwendet Staudenmulch, Küchenabfälle und halbfertigen Kompost. Darauf kommt dann fertiger Kompost oder eine Schicht Gartenerde.

Nach und nach verrotten die Gartenabfälle, es werden permanent Nährstoffe frei – ein Traum für Kohlgewächse, Mais, Kürbis und Kartoffeln! In den ersten drei Jahren brauchen Sie auch nicht zu düngen. Danach kommen weniger nährstoffliebende Pflanzen wie Karotten oder Salate an die Reihe.

Diese Methode ist langfristig gesehen auch die nachhaltigste, was den Bodenaufbau betrifft. Denn Garten- und Küchenabfälle werden direkt in ein Beet eingebaut, damit wird die Bodenverbesserung enorm beschleunigt und Humusaufbau im Garten gefördert.

VORTEILE

› Hügelbeete schaffen fruchtbare und lockere Böden.
› Für Starkzehrer sehr gut geeignet.
› Kann relativ rasch angelegt werden.
› Flexibel in der Größe – so hoch und breit, wie Kompostmaterial im Garten vorhanden ist.
› Kompostmaterial und Schnittgut können hier gut verwertet werden.
› Braucht einige Jahre keine Düngung.

NACHTEILE

› Ein Hügelbeet ist nach drei bis vier Jahren wieder neu aufzuschichten, da es in sich zusammensackt.
› Viele Arbeiten erfordern gebückte Haltung – ähnlich wie beim Bodenbeet.
› Wildkräuter wachsen von den Seiten ein.

Gartenabfälle und Laub entweder häckseln oder mit dem Spaten zerkleinern.

Eine Lage Pferdemist in den unteren Schichten untermischen.

Oben drauf kommt dann wieder Gartenerde.

69

HOCHBEET
DER SHOOTING-STAR

Sie sind seit Jahren die Shooting-Stars unter den Gartenbeeten: Hochbeete erleben in heimischen Gärten einen regelrechten Boom. In meinen Garten hielt das »Gärtnern in der Bel-Etage« vor vier Jahren Einzug – es war ein Geschenk meines Schwagers, damit ich wieder mehr Gemüse anbauen und gleichzeitig meinen Rücken schonen konnte.

Tatsächlich ein körperlich wohltuender Vorteil. Der Vorbereitungsaufwand dafür ist zwar hoch, wird sich aber in den meisten Fällen lohnen. In meinem Fall tat er es von Anfang an: Mit meinen derzeit acht großen Hochbeeten (jeweils 3 x 1,5 Meter) bin ich sehr glücklich. Und Glück im Garten – zur Erinnerung – ist das, was wir ja alle anstreben.

Aufbau eines Hochbeets

Wenn man die Rahmenkonstruktion nicht selbst machen kann oder will, gibt es eine große Auswahl davon im Fachhandel – sie reicht von Holz über Stein bis zu Kunststoff. Mir persönlich gefallen Holzhochbeete am besten, auch jene mit Tuffstein sind sehr schön.

Unter der ersten Schicht ist ein Wühlmausgitter dringend zu empfehlen, damit die kleinen Nager Ihr Essen nicht vorzeitig wegputzen. Dieses gut befestigen, damit die Tierchen auch keine Schlupflöcher finden.

Bei allen Arten von Hochbeeten gilt, dass das Füllgut nach oben hin immer feiner wird. Grober Astverschnitt und Reisig kommen in Bodennähe zum Einsatz, feiner Kompost und Blumenerde füllen den oberen Rand.

UNTERSTE SCHICHT — CA. 20-40 CM:
Äste, Zweige, Laub, Strauchabfälle, Wurzelstöcke, mit etwas Erde auffüllen

ZWISCHENFÜLLUNG — CA. 20 CM:
Verrotteter Stallmist oder Dung (vor allem von Pferden) können in dieser Schicht gute Ergebnisse erzielen. Hier können Sie auch eine Schicht mit grobem Kompost dazumischen.

MITTLERE SCHICHT — CA. 20-30 CM
Auf den Stallmist kommt eine Mischung aus grobem Küchenkompost und Erde drauf.

OBERSTE SCHICHT — CA. 20 CM
Mit bester Gartenerde wird das Hochbeet schließlich bis zum Rand gefüllt. Die letzte Schicht besteht aus nährstoffreicher Erde.

Innerhalb eines Jahres sackt der Inhalt Ihres Hochbeetes um 10 bis 20 cm zusammen, weshalb Sie das Beet in jedem Frühjahr mit Gartenerde nachfüllen müssen. Nach zwei, drei Jahren dünge ich vor allem bei Starkzehrern auch immer ein wenig nach und gieße mit Effektiven Mikroorganismen ein. In manchen Büchern liest man, dass man das Beet ausräumen und wieder neu befüllen soll.

ANGELIKAS TIPP:

Zuerst immer den Boden in seiner Qualität und Beschaffenheit begutachten, dann die Garten- und Beetplanung auf die Standortgegebenheiten und Ihre persönlichen Präferenzen abstimmen! Danach kann das Gärtnern mit einer blühenden und ernterreichen Zukunft beginnen.

GARTENERDE	CA. 20 CM
GROBER KÜCHENKOMPOST & ERDE	CA. 20-30 CM
STALL- & PFERDEMIST	CA. 20 CM
ÄSTE, LAUB, ZWEIGE ...	CA. 20-40 CM

Ich bin zwar kein Fan von Plastik, trotzdem habe ich eine Bau-folie in den Rahmen eingezogen, damit das Holz länger hält.

Im Hochbeet hat das ganze Schnittgut des Gartens Platz.

Das feine Erdmaterial kommt ganz oben drauf.

Eine Frage, die mir immer wieder gestellt wird. Meine Gedanken dazu: Ich lasse das Hochbeet so lange Hochbeet sein, bis es zusammenbricht. Denn wenn es dann einmal so weit ist, mache ich einfach ein Hügelbeet draus. Dazu räume ich die Bretter weg und werde dann auf dem Haufen Kürbisse und Zucchini anbauen – schließlich es ist ja eine ausgesprochen nährstoffreiche Erde. Freilich werde ich auch einige Hochbeete erneuern und dafür die vorhandene Erde wieder in die Hochbeete einschaufeln.

VORTEILE

> Schnecken und Wühlmäuse sind besser vertreib- und kontrollierbar.
> Bequemes Gärtnern ohne Bücken – Ihr Rücken wird es Ihnen danken!
> Ob Sand- oder Lehmboden zu ebener Erd' spielt keine Rolle, die Bodenart ist in diesem Fall egal.
> Hohe Bodenfruchtbarkeit, da man die beste Erde im Hochbeet als oberste Schicht aufträgt.
> Ein Hochbeet erhöht die Chancen auf hohe Ernteerträge.
> An den Seiten kann man Kapuziner-kresse runterwachsen lassen; spart Platz und ergibt ein schönes, fließendes Bild.

NACHTEILE

> Das Aufstellen eines Hochbeets kann durchaus kostenintensiv sein.
> Aufwendige Vorarbeiten, da man eine große Menge an Füllmaterial braucht – vor allem, wenn man ein Nachsacken umgehen möchte; dazu füllt man gleich alles mit Erde auf.
> Die Füllung sinkt nach zwei oder drei Jahren ein und erfordert ein Nachfüllen.
> Reichliches Bewässern ist notwendig.

ERNTEGLÜCK IM BIO-BEET: MEINE »FRISCHETHEKE« NAMENS GARTEN

Mein Garten als Lebensmittel-Laden und Glücksspender
für knackig Frisches: Warum mich die Gemüsevielfalt
vor der eigenen Haustür beglückt und wie Zucchini,
Salat & Co. auch in Ihren Beeten glücken werden.

Die Gewissheit, ein gesundes und wertvolles Lebensmittel im Einklang mit der Natur auf den Teller zu bekommen, macht mich glücklich. Ein Genuss mit Mehrwert. Was kann es Schöneres geben?

Es ist ein wunderschönes Ritual: Ich schließe die Haustür hinter mir und gehe »einkaufen«. Ganz ohne Geld und Einkaufswagerl. Ich schnappe mir ein Körbchen, das auf dem Bankerl vorm Haus bereit liegt, und ein kleines Messer mit Holzgriff und schlendere Richtung Gemüsegarten. Vor mir liegt ein köstlicher und unerschöpflicher Selbstbedienungsladen! Eine Frischetheke namens Garten, die jeden Supermarkt als Bezugsquelle für »Lebensmittel« um Längen schlägt. Von Parkplatznöten ganz zu schweigen – oder Schlangestehen an der Kasse. In meinem Garten komme ich immer als Erstes an die Reihe – ok, manch verlorenes Rennen gegen Schnecken ausgenommen. Ansonsten gilt: Gustieren, prüfen, ernten. Hier eine pralle Zucchini – ratsch und rein ins Körbchen. Dort ein knackiger Salatkopf, etwa ein Grazer Krauthäuptel– Blatt für Blatt ein Hochgenuss. Die phantastische Vielfalt der Paradeiser, würzige Radieschen, knackfrische Karotten oder scharfe Paprika! Rot,

gelb, grün, orange – was für ein Farbenspiel! Gemüse um Gemüse füllt sich der Korb – der »Einkauf« im eigenen Garten ist ein beglückendes Erlebnis für jeden Gartenbesitzer. Neben erntefrischem Gemüse serviert man sich selbst das schönste Gefühl: die Gewissheit, ein gesundes und wertvolles Lebensmittel im Einklang mit der Natur auf den Teller zu bekommen. Ein Genuss mit Mehrwert. Was kann es Schöneres geben?

Schon als Kind am Bauernhof meiner Tante hat mich diese Welt fasziniert. Sie hatte einen typischen Bauerngarten mit allerlei Gemüse. Kraut und Ruab'n sozusagen. Rundherum gackerten die Hühner, der Duft von frisch gepresstem Kernöl in der Nase, das meine Tante selber machte, saßen wir Kinder auf einer Eckbank und durften Erbsen- und Bohnenschoten »auskiefeln«. Klar, dass wir dabei auch einige Erbsen vernaschten. Aber dazu auch Paradeiser, Karotten und Rote

Palmkohl ist dekorativ im Garten und verwendet man z.B. für portugiesische Kohlsuppe, zu Salaten und als Dünstgemüse.

Rüben, meine ersten Lieblingsgemüse-
sorten. Rote Rüben aß ich als Kind am liebsten roh aus der Erde. Als ich diese später
einmal fertig aus einem Glas gegessen habe,
konnte ich damit zunächst gar nix anfan-
gen. Wäääh! Da brauchte ich erst mal eine
Pause. Ein Gemüsegarten ist für mich
buchstäblich ein »Lebensmittel«, er steht
für mich für die Fülle des Lebens, für die
Schöpfungsgeschichte. Der Garten steht
für Schönheit und Kunst der Natur – eine,
die sich nahtlos vom Beet bis auf den Teller
genießen lässt. Dazwischen liegt ganz viel
Staunen: Darüber, wie aus einem winzig
kleinen Samenkorn so etwas Wunderschönes und geschmacklich Spannendes
entstehen kann.

Schon allein der Anblick von Jungpflanzen nach dem Keimen fasziniert mich.

Pflanzen im Saatkistchen

VOM SÄEN, SETZEN UND PFLANZEN

Die Frage des Ernteglücks hängt von vielen Faktoren ab. Etwa dem richtig gewählten Zeitpunkt der Aussaat oder des Pflanzens. Aber auch von der Entscheidung, ob die Pflanzen in Direktsaat oder in Vorkultur gezogen werden. Jeder Hausgärtner hat die Wahl, selbst Jungpflanzen zu ziehen oder diese bei dem Gärtner seines Vertrauens oder bei Pflanzenbörsen zu erwerben. Letztere werden immer beliebter und sind auch eine gute Quelle für ausgefallene Gemüsesorten. Besonders empfehlen kann ich an dieser Stelle die Jungpflanzen des Vereins Arche Noah (siehe Adressen, S. 199).

Vorzüge der Vorkultur

Vorkultur bedeutet das Vorziehen wärmeliebenderer Pflanzen in Aussaatschalen auf der Fensterbank, im Frühbeet oder im Gewächshaus. Notwendig ist sie für Samen mit hohen Keimtemperaturen, die wir im Garten erst zu einem späten Zeitpunkt erreichen. Das heißt, die Aussaat unter freiem Himmel wäre erst so spät möglich, dass die ersten Früchte den Wettlauf gegen die Herbstfröste verlieren würden. Manche Pflanzen würden schlicht und ergreifend nicht ausreifen. Das Vorkultivieren bietet den Pflanzen die Chance, sich im geschützten Bereich zu entwickeln, und dem Gärtner damit einen früheren Start der Erntesaison. Eine Vorkultur schützt manche Pflanze auch vor Schnecken-Attacken, die sonst gleich beim Keimen aufgefressen würden.

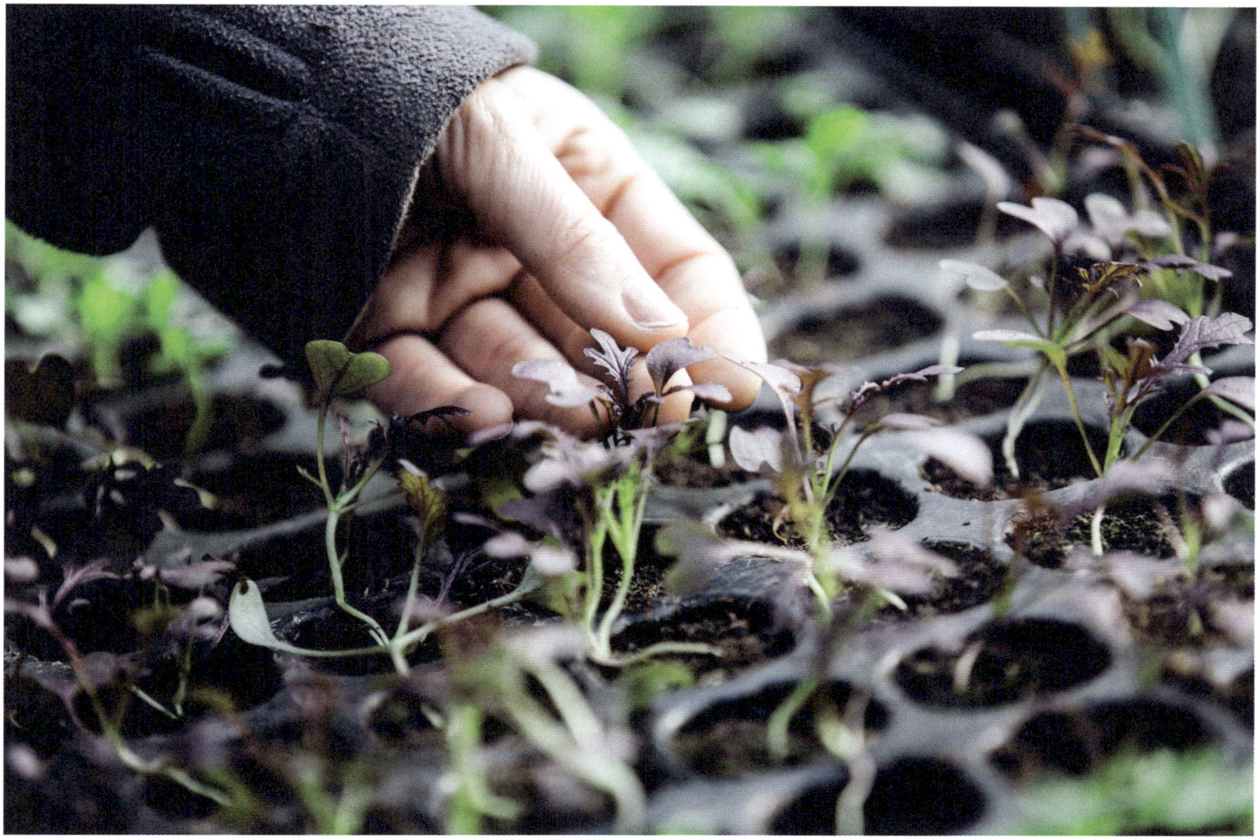

Jungpflanzen von Wintersalaten im September für die Winterernte.

Der Nachteil der Vorkultur: Diese ist recht aufwendig und nimmt Zeit in Anspruch. Erst säen und keimen lassen in der Anzuchtschale, dann ins Freie rausstellen zum Abhärten und, wenn es zu kalt wird, wieder rein ins Warme – nichts für Unambitionierte. Auch entwickeln sich die Wurzeln der Pflanzen in der Regel nicht ganz so tief wie im Falle der Direktsaat.

Kleiner Ansaatratgeber

Jede Pflanze hat eine bestimmte Keimtemperatur und eine Mindestkeimtemperatur. Wenn diese eingehalten wird, dann wächst die Pflanze gesund an. Unter der Mindestkeimtemperatur keimen die Samen nicht. Bei Pflanzen mit hoher Keimtemperatur wie Melanzani, Paprika und Melonen können Sie die Saatkisten in der Nähe von Heizkörpern aufstellen. Achtung aber vor dem Austrocknen der Samen, das den Keimprozess verhindern würde. Die Erde immer wieder besprühen, damit die Pflanzen sprießen.

Die Samen benötigen zum Keimen keinen Dünger. Es gibt eigene Anzuchterden, die nicht gedüngt sind. Gedüngte Erde würde jungen Pflanzen schaden – wie Kraftfutter einem Säugling. Manche Pflanzen wie Kresse, Salat und Basilikum sind Lichtkeimer. Das heißt, die Samen sollten nicht von Erde bedeckt sein. Viele Pflanzen

ANGELIKAS TIPP:

Nach dem Keimen stellen Sie die Pflanzen gleich wieder ins Kühle, dann wachsen sie gesünder und kompakter.

können Sie auch ins Frühbeet aussäen oder im Gewächshaus in Kistchen oder Schalen säen. Bei größeren Pflanzen wie Zucchini, Gurken, Kürbisse und Melanzani gebe ich den Samen gleich in einen kleinen Topf. Dort können diese gut anwachsen. Sind sie groß genug, pflanze ich sie nach den Eisheiligen, Ende Mai, ins Beet. Diese wärmeliebenden Gemüsepflanzen reagieren sehr empfindlich auf frostige Temperaturen. Hier sollten Sie im Zweifel ein paar Tage länger zuwarten, um später eine wirklich gute Ernte zu bekommen. Die optimale Keimtemperatur gilt nur bis zur Keimung – dann sollten Sie die Kisterln wieder an einen kühleren Platz stellen. Damit gelingt das »Abhärten« der Pflanzen, die so mit den noch niedrigen Temperaturen im April besser zurecht kommen. Das Abhärten schützt auch vor den großen Temperaturschwankungen zwischen Tag und Nacht.

Die Nährstoffe in den kleinen Anzucht-Töpfen sind oft rasch aufgebraucht. Das sieht man dann schnell an den hellen, gelblichen Blättern. In dem Fall müssen Sie rasch handeln und die Pflanzen in den Boden bringen.

Auspflanzen

Das Auspflanzen von Jungpflanzen in den Boden sollte auf jeden Fall an trüben Tagen passieren, damit die Pflanzen keinen Sonnenschock erleiden. Vor dem Einsetzen stellen Sie die Jungpflanzen noch in ein Wasserbad, dann sind die Wurzeln vorab mit Wasser versorgt. Meist gibt es einen Unterschied zum Wassergehalt im Boden und die Pflanzen könnten sonst vertrocknen. Daher gut angießen und einschlämmen.

Direktsaat

Dagegen ist Direktsaat einfach und unkompliziert: Die Gartenfläche sollte unkrautfrei und der Boden gut gelockert sein – egal, ob im Hochbeet oder Bodenbeet. Entweder streuen Sie die Samen ein oder Sie legen parallele Saatrinnen an. Dann säen Sie die Samen ein und gießen alles noch gut an – oder warten auf den Regen. Achten Sie auf die Saatabstände, die auf jeder Samenpackung angegeben sind. Jede Pflanze braucht ihren Platz zum Wachsen.

Das Vorkultivieren ist zwar aufwendig, aber lohnenswert und jedes Jahr ein schönes Erlebnis.

GIESSEN – WENIGER IST OFT MEHR

Pflanzen brauchen Wasser, denn Wasser heißt Leben. Aber alles eine Frage der Dosis. Gießen steht im Ranking der beliebtesten Tätigkeiten von Gärtnern ganz weit oben. Daher Achtung, gerade für Wassergaben im Garten gilt die Devise: Weniger ist oft mehr.

Dazu ein paar Tipps: In den ersten Tagen nach dem Einpflanzen sollte der Boden immer schön nass sein. Aber sobald die Pflanzen den ersten Wachstumsschub hinter sich haben, gießen Sie weniger. So werden die Pflanzen gestärkt, denn sie sind gezwungen, selbst Wurzeln in den Boden zu schlagen, um an Wasser zu gelangen. Dadurch werden sie widerstandsfähiger und krankheitsresistenter. Daher mein Rat: Verhätscheln Sie die Pflanzen nicht! Sogar in meinem Hochbeet, wo eigentlich mehr gegossen werden sollte, war ich im vergangenen Jahr bereit für ein Experiment und habe die Pflanzen nur in Notzeiten gegossen. Es hat ihnen nicht geschadet – im Gegenteil. Wenn ich dann den Schlauch oder die Gießkanne in der Hand hatte, goss ich freilich ausgiebig. Wichtig: Gießen Sie nicht die Blätter, sondern den Boden. Die Wurzeln benötigen das Wasser. Und bei allem Mut zur Wasser-Sparsamkeit: Manche Pflanzen haben einen größeren Wasserdurst als andere – allen voran meine geliebten Zucchini.

ANGELIKAS TIPP:

Damit die Pflanzen widerstandsfähiger werden, sollte man auch Jungpflanzen nicht übergießen. Die Wurzeln werden stärker und damit auch die Pflanze.

Wenn Sie gießen, dann durchdringend und rund um die Pflanze.

SO GLÜCKT'S
IM GEMÜSEBEET

Säen oder Setzen? Und in welchem Monat? Ausgewählte Gemüsekulturen und was Sie für eine optimale Ernte beachten sollten.

Karotten

Werden von Februar bis Juni direkt ausgesät. Ernte von Mai bis Oktober.
TIPP: Nicht auf frischen Mistböden und nicht zu dicht säen.

Mangold

Direktsaat im ungeheizten Gewächshaus ab März. Direktsaat im Garten: Mitte April bis Juli.

Wurzelpetersilie

Aussaat von März bis Mai.
TIPP: Benötigt ein wenig Dünger.

Stangenbohnen

Aussaat Mitte Mai bis Juli mit einer Rankhilfe.

Rote Rüben

Direktsaat Mitte April bis Juli.
TIPP: wunderbares Lagergemüse

ANGELIKAS TIPP:

Die Karotte ist eines der carotinreichsten Lebensmittel. Diese wirken hemmend auf einige Krebsarten. Vitamin A ist wichtig für den Erhalt der Sehkraft und wirkt sich positiv auf die Gesundheit der Haut aus.

Salat

Aussaat im ungeheizten Gewächshaus ab Ende Februar. Ins Freiland setzen, sobald der Boden offen ist.

Pastinaken

Aussaat: März bis Juni, aber auch Mitte
Dezember.
TIPP: Brauchen einen tiefgründigen
Boden, der in der Keimzeit feucht ist.

ANGELIKAS TIPP:
Der Grünkohl ist
ein Winterklassiker
als Gemüse und
wird erst nach den
ersten Frösten
geschmacklich
herrlich.

Kohlrabi

Aussaat Freilandpflanzung: Ende Februar
TIPP: Bei trockenem Wetter ausreichend
gießen.

Grünkohl & Palmkohl

Aussaat Mai bis Juni. Ernte ab September
bis März.
TIPP: herrliches Wintergemüse

Sellerie

Aussaat von Stangensellerie Ende
Februar bis Mitte Juli, Knollensellerie
ab Anfang März.
TIPP: Braucht regelmäßig Wasser.

Das beste
Wintergemüse!

Karfiol & Brokkoli

Vorkultur im Gewächshaus ab Ende Jänner
bis Mitte März. Direktsaat ab Mitte April
bis Ende Juni.

Gurken

Aussaat erste Maiwoche bis Anfang Juli.
Keimen bei 25 Grad Celsius am besten.
TIPP: Mindestens zwei Pflanzen anbauen.

Weißkraut

Vorkultur der Frühsorten ab Ende Jänner bis Anfang Juli. Direktsaat der Frühsorten ab März.

Rotkraut

Vorkultur der Frühsorten Februar bis Juni.

Chinakohl

Aussaat Juni bis Juli für die Spätherbst- und Winterernte.
TIPP: nährstoffreicher Boden ist wichtig.

Erbsen

Aussaat ab März. Optimale Keimtemperatur: 15–20 Grad.

Melanzani

Vorkultur ab Anfang März bis April.
TIPP: Braucht warme Regionen, sonst reift sie nicht aus.

Puffbohne & Saubohne

Aussaat ab Mitte Februar.
TIPP: Gedeihen gut in kühleren Gebieten.

Zucker-, Honig- & Wassermelonen

Aussaat ab Mitte Mai bei Keimtemperatur von 25-28 Grad. Auspflanzen ab Ende Mai bis Juni.
TIPP: Wärmeliebend, haben gerne ein Mistbeet in der Nähe (Starkzehrer), Wassermelonen brauchen weniger Düngung als Zuckermelonen.

Kürbis

Vorkultur ab Mitte März bei Keimtemperatur von 20-25 Grad. Aussaat Anfang April.
TIPP: Ende Mai kommen die wärmeliebenden Kürbisse erst ins Gemüsebeet, sie dürfen keinen Frost abbekommen.

ANGELIKAS TIPP:
Kürbisse sind perfektes Lagergemüse und halten bis zum Februar. Dafür sollte der Kürbis eine unversehrte Schale haben und der Stiel 1 cm lang sein. Trocken lagern!

Im ungeheizten Gewächshaus kann bereits ab Februar gesät werden.

Zwiebel

Direktsaat ab Anfang März bis Ende April. Vorkultur Mitte Februar.

Winterheckenzwiebel

Mehrjährige Pflanze. Anbau durch Aussaat, später durch Stockteilung. Wird wie Schnittlauch beerntet und ist einer der ersten Boten im Gemüsegarten. Im März / April ist dieser schon zum Ernten.

Lauch

Aussaat Sommerlauch mit Vorkultur ab Anfang Februar. Aussaat Herbstlauch: Mitte März bis Juni. Aussaat Winterlauch: April bis Mai. Ernte Winterlauch: April des nächsten Jahres.

Zucchini

Vorkultur ab Mitte April bei einer Keimtemperatur von 18-24 Grad. Direktsaat ab Mitte Mai bis Juni.
TIPP: Mindestens zwei Pflanzen setzen für besseren Fruchtansatz, braucht regelmäßige Wasserversorgung.

Paprika & Chili

Aussaat Vorkultur Mitte Februar. Auspflanzen erst Ende Mai. Keimtemperatur der Chilis: 25-30 Grad Celsius.

Kohl & Wirsing

Vorkultur Februar bis Ende Mai.
TIPP: Es gibt auch frostfeste Sorten.

Paradiesische Genüsse

Mythenumrankt und Liebkind der Gärtner:
der Paradeiser. Warum mich eine Afrika-Reise
und ein burgenländischer Paradeiser-Kaiser
inspirierten und wie Sie sich paradiesischen
Fruchtgenuss im Garten sichern.

![Verschiedene Paradeiser-Sorten auf einem Holzbrett]

Knallrot, rosa, rotbraun, gelb-rot marmoriert, orange, rot-violett, grün-gelb, cremeweiß, dunkelgrün gestreift – die Farbenvielfalt der Paradeiser ist so bunt wie der Geschmack. Dieser reicht von süß und fruchtig über süß-säuerlich bis intensiv aromatisch. Ob in der Suppe, als Sugo (mit Olivenöl und Knoblauch plus Parmesan) oder frisch vom Strauch. Am liebsten als knackige Cocktail-Tomaten. Paradeiser naschen im Garten heißt für mich, den Geschmack der Kindheit wieder aufleben zu lassen. Die kleinen süßen Früchte wecken bei mir ebenso süße Erinnerungen. So leicht geht Glück im Garten.

Nicht von ungefähr trug die Frucht einst den Namen »Paradiesapfel«, später zu »Paradeiser« verkürzt. Ihre Ursprünge reichen 8000 Jahre zurück. Das Nachtschattengewächs, von den Mayas und Azteken als »Xitomatl« schon vor Christi Geburt kultiviert, ist aus unserer Küche heute nicht mehr wegzudenken. Ein wunderbares Erbe. Aber auch eines, das unseren bewussten Umgang erfordert. Denn dem Paradeiser geht es derzeit nicht gut, eigentlich sogar schlecht. Paradeiser leiden an der Braun- und Krautfäule und anderen schweren Krankheiten, seit wir Menschen sie kultivieren und meinen,

Bunte Vielfalt: Rund 6000 Sorten gibt es, aus dem Supermarkt kennen wir nur maximal fünf.

ANGELIKAS TIPP:
Streuen Sie einige Basilikumblüten auf die geschnittenen Paradeiser – eine Köstlichkeit.

dass wir uns um sie kümmern. Wir tun dies, indem wir ihnen Stickstoffbomben zuführen, weil es so in den Lehrbüchern steht; indem wir sie jeden Tag gnadenlos »einwascheln«, weil wir gelernt haben, dass die Tomate Wasser liebt; indem wir ihr obendrein die Seitentriebe ausreißen, um angeblich mehr Früchte zu erhalten; weil wir den Geschmack von richtig guten Paradeisern gar nicht mehr kennen, da im Supermarkt nur noch zwei oder drei Tomatensorten angeboten werden, die nach nichts als Wasser schmecken und deren Pflanzen in den Gewächshäusern meist gar nicht mit echtem Erdboden in Berührung kommen. »Tomate – der vierte Aggregatzustand von Wasser« nannte Kabarettist und Freigeist Roland Düringer dieses Resultat pervertierten Gemüseanbaus einmal treffend!

Ein wertschätzender Umgang mit unserem Erbe aus dem Paradies ist das jedenfalls nicht, und eine gut gemeinte ParadeiserPflege noch lange nicht gut. Aber was wurde und wird über die richtige Pflege und Aufzucht von Tomaten nicht schon alles geschrieben? Bis heute führen echte und selbst ernannte Experten wahre Glaubenskriege um dieses Thema. Auch ich selbst habe mich in den vergangenen Jahren von alten Glaubenssätzen rund um die Paradeiser verabschiedet und neue Erkenntnisse zugelassen.

Eine Umkehr im Denken und Handeln, die ihren Ursprung vor vielen Jahren während eines Wanderurlaubs auf den Kapverdischen Inseln, westlich von Afrika, hatte. Es war ein heißer, trockener Tag und ich traute meinen Augen nicht, als ich plötzlich Tomatenpflanzen in einer Steinwüste

Nicht von ungefähr trug die Frucht einst den Namen »Paradiesapfel«, später zu »Paradeiser« verkürzt.

89

kriechend wachsen sah. Dort bekommen diese weder Dünger noch Wasser – und das bei Temperaturen von 35 Grad. Es regnet hier oft Monate lang nicht. Neugierig schnappte ich mir eine Frucht zum Kosten. Yummy – mein Gaumen jubilierte, ein für mich völlig neues Geschmackserlebnis. Süß und aromatisch. Einfach herrlich!

Um noch mehr über die geniale Frucht zu erfahren, stattete ich daraufhin dem legendären Paradeiserkaiser Erich Stekovics im burgenländischen Frauenkirchen einen Besuch ab. Er bestätigte mir, dass der Paradeiser eine Gesteinspflanze ist, die zwar Wasser liebt, aber viel über das Wurzellängenwachstum ausgleichen kann. Konkret: Die Wurzeln der Pflanze wachsen zwei bis drei Meter tief in den Boden, damit sie

In der Steinwüste auf den Kapverden gedeihen die Tomaten bei Temperaturen von 35 Grad und monatelang ohne Wasser.

zu Wasser gelangen. Die Wurzelballen können dabei ein Gewicht von über 10 Kilo erreichen. Dieses aktive Vorkämpfen in tiefere Wasserschichten verleiht der Paradeiser eine große Stärke, die gleichzeitig auch ihre Abwehrkräfte erhöht.

Nach meinem Besuch war ich bekehrt. Bekehrung kann man im Falle von Stekovics ruhig wörtlich nehmen, schließlich arbeitete der Burgenländer lange als Theologe, bevor er sich mit ganzer Kraft seiner Leidenschaft, den Paradeisern, widmete. Heute pflanzt er diese auf fast 40 Hektar in großem Stil und mit unkonventionellen Methoden: ohne Bewässerung und zusätzliche Düngung. Auch vom Ausgeizen ist der Paradeiserkaiser Lichtjahre entfernt. Erich Stekovics hat den Tomatenanbau in

Mitteleuropa auf eine neue Stufe gehoben. Nicht alles, was für seine Kulturen im pannonischen Klima gilt, ist auf den Paradeiseranbau in Gesamtösterreich ummünzbar, aber viele seiner Erkenntnisse lassen sich auch in die eigene Gartenarbeit integrieren.

Die Wurzeln der Pflanze wachsen zwei bis drei Meter tief in den Boden, damit sie zu Wasser gelangen.

Allen voran seine Überzeugungen zum »Dauerbrenner« **Ausgeizen**. Ein Thema, das Paradeis-Liebhaber spaltet wie ein Gemüsemesser die Tomate. Für Stekovics selbst existieren generell bloß drei Gründe, warum man die Seitentriebe an den Pflanzen entfernen, also ausgeizen, sollte: Erstens ein Zuviel an Freizeit des Hobby-Gärtners, zweitens ein Wettbewerb mit den Nachbarn um die höher wachsende Paradeispflanze sowie drittens der »Wunsch«, die Pflanze krank werden zu lassen. Allesamt keine sehr überzeugenden Motive. Daher rät Stekovics grundsätzlich davon ab, Tomatenpflanzen mit Ausgeiz-Wut zu Leibe zu rücken. Ausgeizen bedeutet nämlich, dass die Pflanze an Vitalität verliert und weniger Ertrag abwirft. Zudem gelangen durch die Wunde leichter Bakterien in die Leitungsbahnen. Eine Ausnahme stellen Tomaten, die in großen Mengen in Glas- und Folienhäusern wachsen, dar. Buschförmig wachsende Tomaten sollten auf keinen Fall ausgegeizt werden.

Wasser & Paradeiser
Eine Hassliebe

Bei meinen Vorträgen frage ich immer wieder gerne ins Publikum: Kennen Sie eigentlich die Lieblingsbeschäftigung der Österreicher im Garten? Richtig, das Gießen! Und ich merke dann jedes Mal, wie sich manche der Anwesenden ein wenig ertappt fühlen. Aber klar, schließlich haben wir ja alle gelernt, dass Tomaten viel Wasser mögen, daher stehen wir oft minutenlang mit dem Schlauch neben den Paradeisern und wascheln alles ein. Ganz ohne Rücksicht auf die tatsächlichen Bedürfnisse der Pflanze.

Freilandtomaten, also alle Paradeiser, die im Mutterboden oder in einem Hügelbeet wachsen, brauchen definitiv wenig Wasser. Mein Beispiel beweist es: Ich kultiviere in meinem kleinen Tomatenhaus acht Paradeiser-Pflanzen, die überdacht sind. Seit drei Jahren gieße ich diese nur noch beim Einsetzen bzw. ein paar Tage danach, bis die kleinen Pflänzchen anwurzeln. Danach gieße ich nicht mehr. Auch in heißen Jahren. Selbst im Rekordsommer 2015 beglückte ich die herrliche Frucht nur vier Mal mit Brennnesseljauche

und stärkte sie mit Mikroorganismen. Die Pflanzen wuchsen kräftig an und der frühe Fruchtansatz war eine Augenweide. Eine wunderbare Ernte war mein Geschenk aus dem Paradies.

Für Geiz beim Gießen spricht noch ein weiteres wichtiges Argument. Denn längst weiß man, dass das Gießen auch die berüchtigte Kraut- und Braunfäule begünstigt. Diese Pilzerkrankung hielt vor Jahren in den heimischen Gärten Einzug und rafft ungeschützte Kulturen dahin. Feucht-

ANGELIKAS TIPP:
Schneiden Sie in das Paradeiser-Pflanzloch Brennnesselblätter hinein. Dies wirkt wie eine leichte, langsam wirkende Düngergabe.

Anblick des Grauens: Tomatenfrüchte mit Kraut- und Braunfäule

warmes Wetter liefert dem Pilz die besten Bedingungen, die oft zu einem Totalausfall der Ernte führen. Meist wird der Schädlingspilz mit Regen- oder Gießwasser vom Boden auf die Pflanze übertragen.

Denn der Erreger befindet sich im Boden, Gießen befördert ihn durch das Spritzwasser an die Pflanze. Der Pilz bewirkt ein rasches Bräunen und Verwelken der Blätter und Früchte kurz vor der Erntereife – Totalausfälle binnen weniger Tage sind die Regel. Bieten Sie daher Freilandtomaten immer ein Dach über dem Kopf – ohne Schutzdach sind die Erfolgsaussichten in den meisten Regionen Österreichs gering. Eine Erfahrung, die mir leider nicht fremd ist. Des Öfteren bin ich Anfang August schon verzweifelt und weinend neben meinen braun gewordenen Tomaten gestanden. Kurz vor der prallen Tomatenernte war sprichwörtlich alles im Eimer! Die schmerzhafte Vertreibung aus dem Paradies!

ANGELIKAS TIPP: Pilzbefallene Pflanzenteile niemals auf den Kompost werfen!

Damit kein Spritzwasser auf die Pflanze gelangt, graben Sie Tontöpfe neben den Wurzelballen ein. Dort hinein wird dann gegossen! Auch Mulchen mit Weizenstroh oder Pflanzenhäcksel sowie eine Unterbepflanzung von z.B. Spinat oder Kapuzinerkresse verhindern Spritzwasser.

DAS RICHTIGE TIMING

Ein weiterer »beliebter« Fehler, den Tomatenliebhaber oft begehen, betrifft den Zeitpunkt des Saisonstarts: Eine zu frühe Aussaat und zu frühe Auspflanzung sollte vermieden werden. Denn Tomaten sind wärmeliebende Sonnenanbeter, daher ist eine Auspflanzung erst nach den Eisheiligen – also Mitte Mai – empfehlenswert.

Dementsprechend errechnet sich der Aussaat-Termin für Selber-Zieher. Sechs bis sieben Wochen dauert es, bis aus den Samen kräftige Jungpflanzen werden. Eine Aussaat in Anzuchtschalen Ende März /Anfang April hat sich bewährt. Fürs Auspflanzen sollten die Pflanzen kurz und kräftig sein.

Längst werden Paradeiser nicht nur im Freiland kultiviert. Auch auf Balkonen und Terrassen bzw. als von oben hängende Ampelpflanze ist die Tomate heute ein Renner. Die Tomate als Liebkind der Urban Farmers. Der Vorteil: Hier hat man (noch) weniger Probleme mit der Krautfäule, wobei Ernteausfallsszenarien auch vor den Kübelpflanzen nicht ganz Halt machen – wie manche ambitionierte Junggärtner schon leidvoll erfahren mussten. Dies liegt auch daran, dass sich der Pilz teilweise schon in der gekauften Erde befindet und bei unvorsichtigem Gießen auf die Pflanze gelangt.

Kompakte und gesunde Paradeiserpflänzchen

Sechs Fakten rund um Paradeiser

1

Botanisch betrachtet ist die Tomatenfrucht eine **Beere** – so wie die Melone oder der Kürbis.

2

Tomaten gehören zur Familie der **Nachtschattengewächse** und sind damit verwandt mit Kartoffel, Paprika, Aubergine, aber auch mit Tollkirsche, Stechapfel und Alraune. Die Verwandtschaft mit Letzterer trug dem »Paradiesapfel« zur Zeit der Inquisition auch ein schlechtes Image ein.

3

Man unterscheidet heute **rund 6.000 verschiedene Tomatensorten** – von der kirschkleinen Cocktailtomate bis hin zur riesigen Fleischtomate.

5

Die rote Farbe erhalten Tomaten durch den Farbstoff **Lycopin**, ein Carotinoid, das die Abwehrkraft des Menschen stärkt und anti-oxidativ wirkt.

4

Tomaten bestehen bis zu **95 % aus Wasser.** Sie enthalten dreizehn Vitamine und siebzehn Mineralstoffe.

6

Nach der Einführung der Tomate in Europa durch Kolumbus landete der Goldapfel (»Pomi d'oro«) lange Zeit nur in **Italien** auf dem Teller, die Karriere als Volks-speise in Mitteleuropa startete erst Ende des 19. Jahr-hunderts bzw. durch die Hungersnöte des 1. Weltkriegs.

PARADEIS' NOW!

BALKON-, SORTEN- & SAMEN-TIPPS

Für Topfkulturen auf Balkonen und Terrassen sollten Sie folgende Tipps beherzigen:

> Je größer der Topf, umso besser geht es der Pflanze.

> Auch hier immer nur die Erde gießen und nicht die Pflanze überwascheln.

> Da die Paradeiser im Topf keinen Kontakt zum Mutterboden haben, ist es wichtig, die Pflanze regelmäßig zu gießen. Mit Brennnessel- und Ackerschachtelhalmjauche oder handelsüblichen Biodüngern stärken Sie Ihre roten Mitbewohner.

Je größer der Topf, umso besser geht es der Pflanze

Paradeiser-Sorten: meine Lieblinge

Rund 6000 verschiedene Tomatensorten gibt es heute – und ständig kommen neue hinzu. Einen vollständigen Überblick zu bewahren, ist schwierig. Hier eine kleine Auswahl meiner Favoriten.

> SORTEN FÜR DIE TOPFKULTUR: Lime Green, Lemon Bush, Oranger König, Lida Ukrainian, Roi Humbert

> SORTEN FÜR EIN RAUES KLIMA: Gold Nugget, Rheinlands Ruhm

> COCKTAIL-PARADEISER: Black Cherry, Gelbe Dattelwein, Gelbe Johannisbeere

> CHERRY PARADEISER: Rose Quartz Multiflora

> BESONDERS SAFTIGE PARADEISER: Green Zebra, Marmande

> OCHSENHERZ-PARADEISER: Ochsenherz aus Mazedonien, Österreicher Ochsenherz

Weitere Paradeiser-Infos

Nicht sortenechte Paradeiser, die mit F1 bezeichnet werden, können Sie nicht vermehren. Der Samen treibt nicht mehr aus. Achten Sie daher darauf, dass Sie stets sortenechte Pflanzen in Ihrem Garten verwenden – das dient auch der Artenerhaltung und der Vielfalt in unseren Gärten.

Je größer der Topf, umso besser gedeihen die Pflanzen auch auf Balkon und Terrasse.

ANGELIKAS TIPP:
Bedecken Sie auch in den Töpfen die Erde mit Laub und Gartenhäcksel oder pflanzen Sie Basilikum dazu.

96

Diese aufrechtzuerhalten und nötigenfalls zu verteidigen muss uns allen ein zentrales Anliegen sein. Umso erfreulicher war auch das Scheitern der sogenannten EU-Saatgutverordnung 2015, die die Europäische Kommission auf Betreiben großer Konzerne wie Monsanto & Co umsetzen wollte. Diese Verordnung hätte den Handel und Tausch alter Saatgutsorten und Raritäten massiv eingeschränkt und auch Bauern und kleine Gärtner, die selber Samen ziehen, buchstäblich zu Kleinkriminellen gemacht.

Als ich von der geplanten Verordnung hörte, konnte ich nur noch den Kopf schütteln und schloss mich dem breiten Protest dagegen an. Vor allem Vereine wie die Arche Noah kämpfen unermüdlich darum, jeden Anschlag auf die Sortenvielfalt zu verhindern. Auch wenn vorerst das Schlimmste abgewendet werden konnte, ist weiterhin größte Wachsamkeit und unser aller Einsatz gefordert. Denn ginge es nach den Großkonzernen, dann dürften wir nur noch deren genmanipuliertes

Saatgut kaufen, inklusive deren Dünge- und Spritzmittel – ein totaler Irrweg, der für mich allen Grundsätzen von Demokratie und Bürgerrechten widerspricht. Arche Noah unterstützt auch künftig mit wertvollen Informationen und Petitionen zum Thema. Bitte schenken Sie diesen Infos Beachtung!

Samen selber ziehen – so geht's!

Abgesehen von den politischen Rahmenbedingungen ist es aber sehr einfach, Paradeiser weiter zu ziehen. Denken Sie nächstes Jahr daran: Sie nehmen eine der ersten ausreifenden Früchte Ihrer Paradeiser vom Strauch, am besten jene, die nah beim Mutterstock wachsen. Damit meine ich jene Früchte, die knapp beim Stamm reifen. Dann nehmen Sie mit einem Löffel oder Messer die Samen heraus. Anschließend geben Sie diese in ein Glas Wasser und gießen die Samen durch eine Küchenrolle. Sie können die Samen auch in den Mund nehmen, kurz durchspeicheln und dann auf eine Küchenrolle schmieren.

ANGELIKAS TIPP:

Schreiben Sie am besten gleich die Sorte auf die Küchenrolle! Diese lassen Sie danach einige Tage an einem halbschattigen Ort trocknen. Im bereits trockenen Zustand bewahren Sie die Samenträger dann an einem kühlen Ort auf.

Let it grow!

KÖSTLICH-FRUCHTIG

PARADEISER-PARMESAN-SUPPE

①

Knoblauch und Zwiebel glasig
anschwitzen.

②

Erntefrische Paradeiser, am besten
Fleischtomaten, klein schneiden
und dazugeben.

③

Mit ein wenig Suppenwürze, Salz und
Pfeffer abschmecken und köcheln lassen.

④

Zum Abschluss Parmesan
in die Suppe reiben.

MISCHKULTUR IM GARTEN ODER PARTNERBÖRSE IM GEMÜSEBEET

Ein Hoch dem gepflegten »Kuddelmuddel«!
Warum sich Pflanzen in einer Mischkultur
untereinander stärken und worauf es bei der
richtigen Mischung im Garten ankommt.

**Gute Mischung:
ein kunterbunter
Gemüsegarten**

Ordnung mag das halbe Leben sein, aber im Garten ist eine »natürliche Unordnung« mindestens die halbe Ernte. Das wussten schon unsere Großmütter. Schaute man in deren Gärten, erblickte man oft ein regelrechtes Durcheinander, buchstäblich »Kraut und Ruabn« – scheinbar ohne System. Heute wissen wir: Gerade diese Durchmischung ist das Beste für das Gemüsebeet und garantiert gesunde und üppig wachsende Früchte. Wir nennen dieses »Wirrwarr« heute Mischkultur. Je mehr verschiedene Pflanzen in einem Gemüsegarten, umso besser.

Die Mischung macht es aus!

In einer Mischkultur werden die Gemüsearten nicht streng nach Beeten getrennt gepflanzt, sondern reihenweise gewechselt oder sogar innerhalb einer Reihe gemischt. Manche Gärtner verzichten ganz auf einen Reihenanbau und bevorzugen ein buntes Durcheinander – mit großer Wirkung am Gemüseteller.

Mit einer Mischkultur erreicht man nicht nur ein abwechslungsreiches, lebendiges Gartenbild, sondern profitiert von der positiven Wechselwirkung zwischen den

Ordnung mag das halbe Leben sein, aber im Garten ist eine »natürliche Unordnung« mindestens die halbe Ernte.

102

Pflanzen. Im Gegensatz dazu begünstigen Monokulturen Gartenschädlinge, die sich mangels Vielfalt rascher vermehren können. Dann herrscht Krieg im Garten – zwischen Gärtner und Schädling. Ein vermeidbarer Konflikt, denn ein Garten soll uns schließlich glücklich machen und nicht in Alarmzustand versetzen. Eine Mischkultur leistet ihren Beitrag.

Was bringt ein Kuddelmuddel im Garten?

Die Natur zeigt es uns vor: Der unberührte Wald ist hier das große Vorbild. Wir finden tief wurzelnde Eichen neben flach wurzelnden Buchen, die unterschiedlichen Baumschichten werden ergänzt von der Strauchschicht, die weniger Licht braucht. Viele andere Pflanzen wie Efeu, Farn und Moose gesellen sich dazu und bilden gemeinsam mit der Waldfauna aus Tieren und Mikroorganismen ein perfekt funktionierendes Ökosystem. Alles läuft wie am Schnürchen bzw. von unsichtbarer Hand organisiert. Das Erfolgsgeheimnis dieses natürlichen Systems: Die Pflanzenarten haben sich im Laufe abertausender Jahre hinsichtlich der Lebensbedürfnisse aufeinander abgestimmt und bilden ideale Pflanzen-Gemeinschaften.

Doch sobald wir Menschen auf den Plan treten, indem wir etwa einen Garten gestalten, greifen wir in dieses Ökosystem ein. Oberstes Ziel sollte es daher sein, es der Natur möglichst gleichzutun. Unsere Mischkulturen werden zwar nie so genial sein, wie die Natur es vorzeigt, dennoch können wir von ihr lernen und versuchen, nach ihren Prinzipien zu handeln. Denn die Natur ist der beste Lehrmeister.

→ VORZÜGE ←
einer Mischkultur

› Der Garten-Mix stärkt die Pflanzen und zieht unterschiedliche Nützlinge an

› Schädlings- und Krankheitsvorbeugung durch stärkende Wurzelausscheidungen und Pflanzenkommunikation

› Boden trocknet aufgrund von Unterpflanzungen nicht aus – es ist eine Art lebende Pflanzenmulchschicht vorhanden

› Lockerung des Bodens, weil verschiedene Pflanzen unterschiedliche Wurzeltiefen haben

› Wildblumen und Kräuter dienen als prophylaktische Schädlingsabwehr

› Weniger Bodenmüdigkeit – der Boden wird nicht ausgelaugt, da verschiedene Pflanzen unterschiedliche Nährstoffe brauchen

› Wachstumsförderung und Vielfalt auf kleinem Raum

› Weniger Unkraut durch bessere und gezielte Nutzung der Flächen

Wir sehen also eine Vielzahl an Vorteilen, die die wenigen Nachteile mehr als aufwiegen. Dazu gehört ein etwas höherer Aufwand in der Planung. Vor allem zu Beginn kann es durchaus Mühe bereiten, im Mischgarten den Überblick zu bewahren und stets zu wissen, was man nach entsprechenden Zwischenernten nachpflanzt. Für Ordnungsfanatiker eventuell gewöhnungsbedürftig: Das Durcheinander im Gemüsebeet ist optisch nicht jedermanns Sache – ich hingegen liebe es!

Der Mensch mischt mit

Wer mit dem Gemüse-Gärtnern starten möchte, wird um ein Mindestmaß an Planung nicht herumkommen. Es gilt das Motto: Gut geplant ist halb geerntet. Denn zur Mischkultur, dem räumlichen Nebeneinander verschiedener Pflanzen, gehört auch die Fruchtfolge, die zeitliche Abfolge unterschiedlicher Kulturen im Beet. Auch sie ist entscheidend, denn jede Pflanze entzieht dem Boden bestimmte Nährstoffe und scheidet gleichzeitig Stoffe über die Wurzeln aus. Werden hintereinander auf dem gleichen Beet dieselben Pflanzen angebaut, werden dem Boden einseitig Nährstoffe entzogen, was zu Bodenmüdigkeit und sinkender Bodenfruchtbarkeit führt. Die Folge: Pflanzenwachstum und Erträge sinken, gleichzeitig steigt die Anfälligkeit für Krankheiten und Schädlingen.

Ganz allgemein unterscheiden wir Pflanzenarten nach ihrem Stickstoffbedarf. Pflanzen, die einen sehr geringen Bedarf an Stickstoff haben, nennt man Schwachzehrer, da sie dem Boden nur wenig davon entziehen. Solche mit mittlerem Bedarf sind die Mittelzehrer und die Pflanzen, die dem Boden sehr viel Stickstoff entziehen, sind die sogenannten Starkzehrer. Die Einteilung im Überblick:

ANGELIKAS TIPP:
Die Starkzehrer vertragen größere und häufigere Düngegaben mit Kompost, Mist oder Jauchen.

Schwachzehrer

Bohnen, Erbsen, Salat, Radieschen, Kräuter

Mittelzehrer

Spinat, Rote Rüben, Radicchio, Rettich, Petersilie, Pastinake, Liebstöckel, Lauch, Knoblauch, Fenchel, Melanzani, Karotten, Mangold, Kohlrabi

Starkzehrer

Paradeiser, Paprika, Sellerie, Zucchini, Kohl, Kartoffel, Gurken, Mais, Kürbis

Anfangs mag die Sache mit Mischkultur und Fruchtfolge etwas kompliziert klingen. Wer mit wem kann und wer mit wem im Beet nicht kann, ist aber nur auf den ersten Blick eine kaum durchschaubare Wissen-

Mittelzehrer

Schwachzehrer

Starkzehrer

105

schaft. Das »Gemüse-Sudoku« ist in der Praxis schnell gelöst. Schon mit den ersten Schritten im Mischbeet und nachdem Sie sich einen groben Anbauplan zurechtgelegt haben, wird Ihnen gewiss alles klar und logisch erscheinen. Und es kann heißen: Auf die Mischung, fertig, los!

Gründüngung

Bohnen, Erbsen, Linsen und Wicken – im biologischen Garten sollte zumindest ein Viertel des bewirtschafteten Bodens mit Leguminosen (Hülsenfrüchten) angepflanzt werden (siehe Kapitel »Boden & Pflanzen nähren«, S. 26). Diese Gründüngung ist wichtiger Teil der Fruchtfolge und dient der Bodenverbesserung. Denn die Leguminosen – aus der Familie der Schmetterlingsblütler – haben die besondere Fähigkeit, dass sie im Wurzelbereich Symbiosen mit sogenannten Knöllchenbakterien eingehen und dadurch optimal Stickstoff aus der Luft aufnehmen können. Sie reichern den Boden somit mit natürlichem Stickstoffdünger an. Zudem besitzen alle

Hülsenfrüchte viele Ballaststoffe und Nährstoffe und sind wichtige Lieferanten für lebenswichtiges Eiweiß, Proteine, Vitamine und Mineralstoffe. Speziell wegen des hohen Eiweißgehalts sind Hülsenfrüchtler weltweit ein wichtiger Bestandteil der menschlichen Ernährung.

Erste Gehversuche im Mischbeet

So kann der Start in eine Misch-Saison gut gelingen: Überlegen Sie sich, welche Gemüsearten Sie im Garten gerne hätten.

Bunte Vielfalt von Salat und Kohlrabi

ANGELIKAS TIPP:

Ein No-Go: Niemals Kohl zu Brokkoli, Zucchini zu Sellerie. Starkzehrer neben Starkzehrer – das geht gar nicht!

WICHTIGE REGELN *in der Mischkultur*

> Starkzehrer mit Schwachzehrern kombinieren, also zum Beispiel Salat neben Kohl
> In den Beeten Stark-, Mittel- und Schwachzehrer jährlich wechseln
> Der Boden darf die Sonne nicht sehen. Daher immer wieder nach dem Abernten

Zwischensaaten machen, die schnell wachsen. Ideale Lückenfüller sind Salate, Spinat, Karotten oder Radieschen
> Regelmäßig Mulchen (Flächenkompostierung), auch die Natur lässt bekanntlich keinen Quadratzentimeter Boden unbedeckt (siehe Mulchen S. 34)

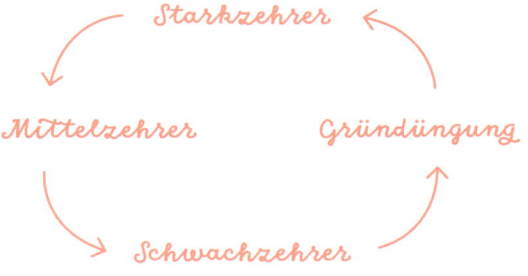

Dieses Bild einer Mischkultur habe ich auf den Kapverden geknipst. Papaya neben Salat, Sonnenblumen, Chilis und Yamswurzel

ANGELIKAS TIPP:

Yes, please! Einjährige Kräuter wie Dill, Kerbel, Basilikum, Kamille und Koreander sind perfekt für Zwischensaaten und halten auch ungeliebte Gäste fern.

Abgesehen von Garten-Klassikern pflanzen Sie eventuell auch solche, die es nicht so häufig im Supermarkt zu kaufen gibt, Sie aber unbedingt auf Ihrem Teller haben möchten – etwa Pastinaken, bunte Karotten oder frische Kräuter. Immer ein guter Tipp: Zucchini für die Sommermonate und Hokkaido-Kürbisse, die auch noch in den Wintermonaten an die wunderbare Gartenzeit erinnern und die Vorfreude aufs Gärtnern in der nächsten Saison schmackhaft konservieren.

Eine Variante ist auch das klassische Learning-by-Doing: Einfach drauflos setzen und erst mal alles einpflanzen, was man an Samen und Pflanzen zur Verfügung hat. Wichtig ist bloß, ein wenig auf die Ausgewogenheit im Beet zu achten. Gärtnern ist ein Lernprozess: Aus Fehlern zu lernen, bringt den größten Erkenntnisgewinn. Was auch immer Sie letztlich

setzen oder säen, Sie werden zur Überzeugung gelangen: Das eigene Gemüse ist immer das beste und wertvollste.

Fruchtfolge

Diese ist – wie oben beschrieben – wichtig, um die Bodenfruchtbarkeit zu erhalten und steht im Gegensatz zur Monokultur, in der jedes Jahr das Gleiche wächst und der

JAHRESRHYTHMUS FRUCHTFOLGE

Starkzehrer

Mittelzehrer

Gründüngung

Schwachzehrer

107

Boden mit Chemie vollgepumpt werden muss, um die Ernte zu sichern. Bei der Fruchtfolge wird jedes Jahr eine andere Frucht in den Beeten gepflanzt und damit ein aktives Bodenleben gefördert. Umgelegt auf den Hausgarten heißt das: Starkzehrer – Mittelzehrer – Schwachzehrer sowie Gründüngung gehen jedes Jahr im Uhrzeigersinn ein Feld weiter.

Spinat als Vorkultur

Spinat ist genial. Das Popeye-Gemüse ist die beste Vorkultur für (fast) alle Pflanzen.

Ausnahme sind Rote Rüben und Mangold, da sie derselben Pflanzenfamilie angehören. Spinat wirkt sich sehr positiv auf die Bodenstruktur aus, da die Wurzeln weich und saponinhältig sind. Er keimt schnell, wodurch der Boden rasch beschattet wird. Dadurch wächst weniger Beikraut zwischen den Gemüsekulturen. Will man später anderes Gemüse pflanzen, den Spinat einfach abschneiden und ihn als Flächenkompost verwenden – somit ist die Erde abgedeckt und gemulcht! Die Wurzeln bleiben im Boden – perfekt für das Bodenleben.

Spinat als Mulchdecke. Entweder essen oder schneiden und als Mulch liegen lassen. Eine kleine elektrische Schere eignet sich perfekt, um den Spinat zu schneiden.

Wahre Pflanzen-liebe versus Problem-Beziehungen

Im Beet ist es wie im Bett bzw. in der Menschenliebe. Manche passen einfach perfekt zusammen, bei anderen ist es besser, sie gehen getrennte Wege. Manche Partner stützen und ergänzen sich, während sich andere gar nicht guttun und bloß gegenseitig runterziehen. So gibt es tatsächlich Pflanzenkombinationen, die einander im Wachstum fördern und gemeinsam Schädlinge fernhalten – eine geniale Einrichtung der Natur, »wahre

Pflanzen-Liebe« gewissermaßen. Zwischen ihnen stimmt die (Bio-)Chemie. Andere Verbindungen sind weniger günstig, manche sogar echte Problem-Beziehungen.

So schützt etwa Basilikum Gemüsearten wie Paradeiser, Zucchini und Kürbisse vor Mehltau. Bohnenkraut hält schwarze Läuse fern und Borretsch (Gurkenkraut) kann Schnecken und andere Schädlinge abwehren. Auch die Brennnessel ist im Gemüsegarten ein hilfsbereiter Partner – denn diese kann den Gehalt an ätherischen Ölen anderer Kräuter verstärken. Ebenfalls ein tolles Paar: Ringelblumen neben Paradeisern – diese hübsche orange oder gelbe Blume hat im Garten sowieso Narren- und Aussaatfreiheit.

Im Folgenden lesen Sie von erfolgreichen Kombis in der Partnerbörse der Natur. Danach finden Sie eine Auflistung von (jungem) Gemüse, das sich besser kein Beet teilen sollte.

PERFEKTE PARTNER

IM BEET

Gurken und **Dill** harmonieren mit **Steckzwiebel**, **Knoblauch** und **Salat**.

Eine schöne Menage á trois bilden auch **Kohlrabi**, **Lauch** und **Salat**.

Das Erfolgstrio **Mais**, **Zucchini** und **Bohnen** ist eine seit Jahrtausenden bewährte Kombination. Die Bohnen nutzen den Mais als Rankhilfe und die Zucchini ist gut für den Boden.

Kohlrabi, **Salat** und **Radieschen** unterstützen sich gegenseitig im Wachstum. Der Geruch der Salatblätter hält die Erdflöhe von den Kohlarten fern.

Ebenfalls ein geglückter »flotter Dreier«: **Bohnen**, **Bohnenkraut** und **Rote Rüben**.

Ähnlich genial wirkt die fördernde Kombination von **Paradeisern** mit **Weiß-** oder **Rotkohl** und **Wirsing**.

Lieblingspartner der **Erbsen** sind **Salat**, **Mangold**, **Sellerie**, **Karotten** und **Radieschen**

Gemeinsame Wege gehen sollten auch **Rotkohl**, **Weißkohl** oder **Wirsing** mit **Sellerie**, dazu **Sonnenblumen** – schön und gut!

Ringelblume

111

Fröhliches
Kunterbunt im
Mischgarten

Perfekt ergänzen sich auch **Lauch** und **Sellerie**.

Eine »Happy Kombi« zu **Paradeisern** bilden **Kohlrabi**, **Ringelblumen**, **Dill** und **Basilikum**.

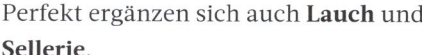

Eine erfolgreiche WG bilden auch **Salat**, **Lauch** (oder **Zwiebel**) und **Karotten**. Das Kopfsalatwachstum wird durch die ausströmenden Gase der Karottenwurzel gefördert und die Karotte wird durch den Salatgeruch gegen die Karottenfliege geschützt. Gegen die Karottenfliege kann es sich lohnen, Lauch und Karotten gleichmäßig im Beet zu verteilen und auf den Reihenanbau zu verzichten.

Ein Dreamteam bilden auch **Gurken**, **Stangenbohnen** und **Basilikum**. Die Stangenbohnen bilden für die Gurken einen Windschutz und geben ihr Stickstoff zum Wachsen.

Knoblauch schützt **Erdbeeren** vor Mehltau (Knoblauchzehen zu den Erdbeerpflanzen stecken!) und er ist der perfekte Partner für **Karotten**, **Paradeiser**, **Rote Rüben** und **Gurken**.

Karfiol liebt **Sellerie**. Karfiol können Sie ab Mitte April setzen, Sellerie ab Mitte Mai. Sellerie hält durch seinen Duft den Kohlschädling ab und der Karfiol lässt den Sellerie richtig groß werden.

Basilikum und **Kapuzinerkresse**, **Ringelblume** und **Tagetes** zu **Paradeisern**! Diese sorgen für einen perfekten Rundumschutz für die rote Frucht.

Echte Herzblätter sind auch **Fenchel** mit **Brokkoli** und **Salat** – diese ergänzen sich hinsichtlich der Nährstoffbedürfnisse.

Dill verstärkt nicht nur den Geschmack von **Gurken**. Pflanzen Sie Dill auch zu **Karotten**, **Kohlarten**, **Erbsen** und **Zwiebel**!

113

NO GO!
BESSER NICHT

In der Pflanzenwelt gibt es Arten, die einander nicht gut tun und daher in der Natur niemals nebeneinander wachsen würden. Folgende No-Go-Kombis bitte beachten, dann klappt's im Gemüsebeet hervorragend!

Einzelgänger: Die **Kartoffel** ist am liebsten alleine im Beet. Am Rand kann man jedoch Bohnen pflanzen.

Weil sie allesamt Nachtschattengewächse sind, sollte folgendes Gemüse nicht kombiniert werden: **Kartoffel**, **Paradeiser**, **Melanzani** und **Paprika**. Sie werden aufgrund der gleichen Ausscheidungen und Pflanzendüfte von den gleichen Schädlingen angeflogen.

Bohnen und **Zwiebel/Lauch** sind einander Wachstums-Hemmer. Auch die Rückstände der Bohnen drosseln im nächsten Jahr das Wachstum von Zwiebel und Lauch.

Salate passen zu fast zu jedem Gemüse. Als schnell wachsende Gemüsepflanze ist der Salat eine gute Vor-, Zwischen- und Nachkultur, die beinahe überall gut wächst, außer in der Kombi mit **Petersilie**, **Gartenkresse** und **Sellerie**. Die beiden ersten scheiden starke ätherische Öle aus, die den Kopfsalat zum Schießen bringen können.

Spinat und **Rote Rüben**: Die beiden gehören zur Familie der Gänsefußgewächse und haben den gleichen Nähstoffbedarf – daher nicht empfehlenswert!

Gurken und **Tomaten**: Meist verkümmern Gurken neben den starkzehrenden Tomaten.

Schnittlauch nicht neben **Petersilie** setzen – die mögen sich nicht!

ANGELIKAS TIPP:
Für eine leichte Kalkdüngung Eierschalen in das Pflanzloch des Schnittlauches bröseln.

Eine Einzelstellung im Garten braucht der **Wermut**: Dieser hemmt das Wurzelwachstum anderer Pflanzen. Sogar die Regenwürmer machen einen weiten Bogen um diese verdauungsfördernde Pflanze. Am besten an den Gartenrand damit! Der Salbei hält es in ihrer Nachbarschaft noch gut aus. Die schwarze Johannisbeere ist die Einzige, die ihn mag – er schützt vor Säulenrost.

Nomaden oder Stubenhocker?

Bei folgenden Gemüsepflanzen muss im nächsten Jahr unbedingt eine andere Kultur folgen: Erbsen, Frühkartoffeln, Gurken, Kohl, Karotten und Zwiebeln. Diese also auf jeden Fall in ein anderes Beet setzen. Ganz anders die Tomaten: Paradeiser können zwei bis drei Jahre hintereinander in demselben Beet stehen. Ebenso können Erdbeeren drei Jahre auf demselben Platz bleiben, Grünspargel sogar acht bis zehn Jahre lang. Und auch Rhabarber kann jahrelang demselben Beet treu bleiben – ein echter Stubenhocker im Garten.

Buchtipp

Gertrud Franck: Gesunder Garten durch Mischkultur. Gemüse, Kräuter, Obst, Blumen. Südwest, 1981. Gertrud Franck war eine Pionierin der Mischkultur, die in jahrzehntelanger Praxis in Schwäbisch-Alb unter denkbar ungünstigen Bodenverhältnissen einen vorbildlichen Mischkulturgarten schuf.

Mein eigenes Garten-Mischmasch bei mir Zuhause

KOMBINATIONEN
IM ÜBERBLICK

Legende:
🙂 Günstig
🙁 Ungünstig
Leer: neutral

	BOHNEN	ERBSEN	ERDBEEREN	FENCHEL	GURKEN	KARTOFFELN	KNOBLAUCH	KOHL	LAUCH	MANGOLD	KAROTTEN	PETERSILIE	RADIESCHEN	ROTE RÜBEN	SALATE	SELLERIE	SPINAT	TOMATEN	ZUCCHINI	ZWIEBELN
BOHNEN		U		U	G		U	G	U	G			G	G	G	G		G		U
ERBSEN	U			G		U	U	G	U		G		G		G					
ERDBEEREN							G	G	G				G							G
FENCHEL	U	G			G										G			U		
GURKEN	G			G			G	G					U	G	G			U		G
KARTOFFELN		U					G						G			U	G	U		
KNOBLAUCH	U	U	G		G			U			G		G					G		
KOHL	G	G	G		G	G	U			G	G		G		G	G	G	G		U
LAUCH	U	U	G					G			G			U	G	G		G		
MANGOLD	G							G			G		G							
KAROTTEN		G					G	G	G	G			G		G			G		G
PETERSILIE													U							
RADIESCHEN	G	G	G		U		G				G				G			G		G
ROTE RÜBEN	G			G	U	G		U										G	G	G
SALATE	G	G	G	G	G			G	G	U	G		G			U		G		G
SELLERIE	G					U		G	G						U			G		
SPINAT						G		G					G					G		
TOMATEN	G			U		U	G	G	G		G		G		G	G	G			
ZUCCHINI														G						G
ZWIEBELN	U		G		G			U					G	G					G	

QUELLE: PROJEKT PAN BIO »WACHSEN UND LEBEN MIT BIOLOGISCHEN PRODUKTEN«

GLÜCKLICH MIT WINTERSALATEN

Gartenlust statt Frust im Frost:
Wie Sie mit Wintersalaten auch in der
kalten Jahreszeit Gartenfreude schaffen
und zugleich Ihr Immunsystem stärken.

Sommer, Sonne, pralle Früchte – der Garten der Sehnsucht hat für viele vor allem in den heißen Sommermonaten Saison. Doch auch der Winter ist keine gartenfreie Zone. Die gute Nachricht: Zu den Klassikern Grünkohl, Palmkohl und dem beliebten Vogerlsalat gesellen sich auch andere Sorten von Wintergemüse, die schmackhafte und vitaminreiche Ernten auf den Teller bringen. Damit uns das Gartenglück auch in der kalten Jahreszeit hold ist, sollte man dem Thema aber ein

Frisches, eigenes Blattgemüse im Winter auf dem Teller – für jede Gärtnerin ein großer Genuss.

wenig Beachtung schenken. Die Natur wird es Ihnen danken: mit köstlichen und gesunden Bio-Salaten, angereichert mit Eisen und viel Vitamin. Und das Beste: Es geht unglaublich einfach. Egal, ob Sie dafür Balkon oder Terrasse nutzen oder ein Folienhaus, das im Sommer noch die Herberge für Paradeiser war.

Im vergangenen Frühjahr besuchte ich dazu einen Kurs, den ein Professor meiner ehemaligen Schule in Wien mit dem vielversprechenden Namen Wolfgang Palme abhielt. Rund um das Thema Wintersalate beschäftigte sich der Workshop auch mit dem Megatrend innerstädtischen Gemüseanbaus (City Farming) sowie mit Wintergemüse im Allgemeinen. Inhalte, für die ich sofort Feuer und Flamme war. Schließlich sind die Themen Wintersalate bzw.

Winterspinat kann bis Anfang Oktober ausgesät werden.

BUCHTIPP:

Eliot Coleman: »Handbuch Wintergärtnerei – Frisches Biogemüse rund ums Jahr«

schon in früheren Zeiten von unseren Vorfahren praktiziert worden sind und wir verwöhnten »Zuvielisations«-Menschen diese oftmals vergessen haben – weil wir sie schlicht nicht brauchen. Oder glauben, sie nicht mehr zu brauchen. Schließlich kommt das Gemüse im Winter ja aus der randvollen Gemüseabteilung des Supermarkts. Eine Frage der Konsumgewohnheiten. Umso schöner und beglückender ist es daher, sich ein Stück Unabhängigkeit zurückzuerobern und seine eigene Ernte im Winter zu feiern.

ANGELIKAS TIPP:
Schneiden Sie die Pflanzen nicht zu tief, damit die Salate weiter wachsen können – dann sind sie bis zu viermal beerntbar.

Wintersalate anbauen – wie geht das?

Wie ging ich vor? Die Samen bestellte ich bei der Firma Reinsaat, einem auf Bio-Gemüsesaat spezialisierten Betrieb im Waldviertel, sowie bei der Arche Noah, einem Verein zur Förderung der Sortenvielfalt mit Sitz in Schiltern in Niederösterreich. Die ideale Zeit: Wintersalate werden von Anfang September bis Anfang Oktober gesät. Sie sind wie alle Kohlarten Starkzehrer. Daher sollte der Boden

Säen Sie die Samen in Töpfe, Kisterln oder Schalen.

Wintergemüse und deren Anbau ohne jeden Heizkostenaufwand relativ neu in der Gärtnerszene. Umso spannender war für mich die Aussicht auf neue Erntemöglichkeiten und die Chance, sich in der Wintersaison länger vom eigenen Gemüse ernähren zu können. Auch ein echter Pionier des Wintergemüseanbaus, der Amerikaner Eliot Coleman, war zur Veranstaltung geladen. Der Bio-Vordenker aus dem Bundesstaat Maine präsentierte geniale Methoden, wie der Gemüse- und Salatanbau auch im Winter zu bewerkstelligen ist.

In dieser Hinsicht selbst noch etwas »grün« hinter den Ohren, startete ich danach meine eigenen Praxiserfahrungen mit großem Enthusiasmus. Dabei war mir durchaus bewusst, dass viele dieser Anbaumethoden

frühzeitig mit reichlich gut verrottetem Kompost versorgt werden. Geben Sie nicht zu viel Stickstoff, sonst werden die Pflanzen anfällig für Krankheiten. Wenn der Boden trocken ist, werden die Pflanzen gegossen, doch das ist in den kalten Jahreszeiten eher selten.

Bereits nach vier Wochen kann man die ersten frischen, zarten Blätter der Salate ernten. Nach rund sechs bis acht Wochen gibt es die große Salaternte. Diese Salate überwintern und können ab Vorfrühling weiter geerntet werden. Der ideale Erntezeitpunkt ist, wenn die Asia-Salate 10-15 cm hoch sind – dann sind sie ganz zart. Good News: Zur Winterszeit treiben weniger Schädlinge ihr Unwesen. Wenn Erdflöhe auftreten oder – wie es mir einmal passiert ist – im November der Kohlweißling unterwegs ist, lassen sich diese ganz gut mit dem »OleumViva«-Öl vertreiben.

So wird es gemacht!

Ende August, Mitte September und Anfang Oktober bringe ich jeweils eine Saat aus.

Die Pflänzchen setze ich dann nach drei Wochen in das Tomatenhaus und auch in die Hochbeete. Das Einzige, worauf Sie achten müssen, ist die Pflanzen vor Schnee zu schützen, obwohl ihnen auch leichte Schneebedeckung nichts ausmacht. Im Tomatenhaus haben diese ohnehin ein Dach über dem Kopf, die Hochbeete können Sie mit Vlies oder Mistbeetfenster abdecken.

Die Hochbeete werden zu Winterbeeten. Mit einfachen Mistbeetfenstern sind die Salatpflanzen vor Schnee geschützt.

Frische Wintersalate bei frostigen Temperaturen

Dem Husten etwas husten: *die Wirkung der Senföle*

Speziell im Winter sind wir häufig mit Atemwegserkrankungen konfrontiert, wir sind anfälliger für Infekte und husten einander buchstäblich etwas. Viele greifen vorschnell zu Antibiotika. Umso wichtiger ist es daher, auf die immunstärkende Wirkung senfölhaltiger Heilpflanzen im Winter hinzuweisen. Senföle (Glucosinolate) sind charakteristische Inhaltsstoffe von Pflanzen aus der Familie der Kreuzblüten- und Kapuzinerkressengewächse und sorgen für den scharfen Geschmack. Diese sekundären Pflanzenstoffe kommen in allen Kohlarten vor, aber auch in Senf, Schwarzrettich, Raps, Meerrettich, Kapuzinerkresse, Rucola, Brunnen- und Gartenkresse und vor allem auch in den Asia-Salaten.

Diese Pflanzen haben eine wachstumshemmende Wirkung auf Bakterien, Viren und sogar auf Pilze und können bei verschiedenen Infektionen effektive – und gut verträgliche – Hilfe leisten. Oft werden sie daher auch »pflanzliche Antibiotika« genannt.

→ GRÜNE STARS ←
im Winter

FÜR DEN ANBAU BESTENS GEEIGNET:
Asia-Salate im Mix, Winterportulak, Hirschhornwegerich, Wasabino, Rouge metis, Spinat und Winterkresse, Pak Choi, Mizuna, Grün im Schnee, Red Giant und Tatsoi

MIZUNA: Japanischer Salatkohl. Er liefert dem Gourmet knackige Blätter mit senfartigem Duft.

RED GIANT: Grün-bronzefarbig, scharf im Geschmack, enthält viele wichtige Senföle.

PAK CHOI: Eine der ältesten Kohlarten Chinas und wunderbar für Wokgemüse. Wenn man den ganzen Salat mit Oliven- oder Sesamöl dünstet, schmeckt er herrlich.

WINTERPORTULAK / WINTERPOSTELEIN: Ernten, wenn er zirka fingerhoch ist. Die Erntezeit ist vorbei, wenn der Winterportulak im Frühjahr blüht. Die Samen nicht mit Erde bedecken, denn diese sind Lichtkeimer.

GRÜN IM SCHNEE: Besonders gut haltbar und widerstandsfähig, auch wenn es noch so kalt ist. Hat ebenso einen leicht senfigen Geschmack.

Pak Choi, Winterkresse & Red Giant im Tomatenhaus

Kraut-Surfing oder Gesundheit aus dem Garten

Für die Gesundheit ist ein Kraut gewachsen. Genau genommen viele Kräuter. Sie sind die Heilkünstler des Gartens und darüber hinaus würzige und schmackhafte Zutaten in der Gartenküche. Welches Kraut wogegen wirkt und was Sie beim Anbau beachten sollten.

125

Schon alleine der Duft ist herrlich und hebt die Laune. Die Citrus-Note der Zitronenmelisse, das Erfrischende der Pfefferminze oder der mediterrane Duft des Südens, der vom Rosmarin ausgeht – frische Kräuter im Garten oder am Balkon gehen buchstäblich in die Nase und wirken nachweislich positiv auf unsere Stimmung. Auch wenn wir das als Kinder noch nicht glauben wollten, als uns Spitzwegerichsaft und Salbeitee ans Krankenbett serviert wurden – in jungen Jahren sind Kräuter zumeist noch eine bittere Erfahrung.

Heute kann ich ohne Kräuter nicht mehr leben – ob zum Würzen von Speisen oder für die Zubereitung von Tees. Kräuter sind für mich unabdingbarer Bestandteil meines Lebens. Erst die Verwendung von Kräutern in der Küche macht für mich die Vielfalt verschiedener Geschmacksnuancen erlebbar und kann selbst ein einfaches Gemüsegericht zu einem zungenschnalzenden Gaumengenuss veredeln. Abgesehen von ihrer Köstlichkeit sind Kräuter auch überaus gesund, »unfassbar gesund«, möchte ich fast sagen. Schon eine Handvoll Kräuter pro Woche hilft auch Ihnen gesünder, entschlackter, blutgereinigter, entzündungsgehemmter, anti-bakterieller, gestärkter und entkrampfter zu sein – die Bandbreite wunderbarer Wirkungen von Kräutern ist riesig. Kraut-Surfing im Garten zahlt sich vielfach aus!

ANGELIKAS TIPP:

Sammeln Sie die Kräuter am späteren Vormittag bei trockenem Wetter. Zum Trocknen hängen Sie diese an einem dunklen und durchlüfteten Ort auf.

Ich nehme mich selbst als lebenden Beweis. Seit frische Kräuter und Gemüse in meiner Küche Einzug hielten, merke ich, wie meine Lebensbatterien von diesen gesunden Lebensmitteln aus dem Garten aufgefüllt werden. Wenn ich Smoothies mit frischen Kräutern trinke, kann ich den Energieschub förmlich spüren. Zudem steigt die Lebensfreude, wenn ich mich von sonnengereiften Kräutern und liebevoll gepflegtem und dankbar geerntetem Gemüse ernähre.

Gesundheit aus dem Garten

Die Geschichte der Heilpflanzenkunde ist beinahe so alt wie die Menschheit selbst. Die Anwendung von Heilkräutern wurde bereits in den ältesten Menschheitskulturen praktiziert, das Wissen von Generation zu Generation weitergegeben. Die älteste Aufzeichnung stammt aus dem alten Ägypten, aus der Zeit um 1500 vor Christus.

Der sogenannte »Papyrus Ebers«, der heute in der Universitätsbibliothek Leipzig aufbewahrt wird, umfasst auf unglaublichen 20 Metern Länge Infos von über 500 Naturstoffen und 800 Rezepturen. Darin steht unter anderem, dass Knoblauch antibiotische Wirkung hat, Wermut bei Gallen- und Darmbeschwerden hilft und Melisse beruhigend und entkrampfend wirkt. Uraltes Wissen mit ungebrochener Gültigkeit.

Einen wichtigen Meilenstein auf diesem Gebiet setzte vor rund 900 Jahren die Universalgelehrte Hildegard von Bingen, deren natur- und kräuterheilkundliche Schriften als »Hildegard-Medizin« bis in

Die Geschichte der Heilpflanzenkunde ist beinahe so alt wie die Menschheit selbst.

die Gegenwart wirken. Als Begründer der moderneren Pflanzenheilkunde gilt der Arzt und Mystiker Paracelsus zu Beginn der Neuzeit, zudem brachte Pfarrer Kneipp vor rund 100 Jahren mit seinen praktischen Ratschlägen frischen Schwung in das Thema Selbstheilungskräfte und Kräuterheilkunde. So gab und gibt es in der Geschichte der Menschheit immer wieder Persönlichkeiten, die mit der Kraft der Natur für die Gesundheit arbeiten. Überliefertes Wissen für unsere Gesundheit, das heute wieder im Trend liegt und offensichtlich einer Sehnsucht von uns Menschen entspringt: nämlich unseren

Urinstinkten zu vertrauen und Altbewährtes anzuzapfen.

Der Anbau von Kräutern

Der Eigenanbau von Kräutern ist sowohl im Beet als auch in Kisterln oder Töpfen ohne großen Aufwand möglich. Zu beachten sind jedoch die unterschiedlichen Bedürfnisse bezüglich Boden, Feuchtigkeit, Sonneneinstrahlung und Nährstoffbedarf. Während mediterrane Kräuter karge Böden bevorzugen, brauchen Küchenkräuter wie Petersilie oder Schnittlauch mehr Nährstoffe. Fast alle Kultur-

Für Kräuterwasser einfach verschiedene Kräuter in einen Krug mit Wasser geben, ein paar Stunden stehen lassen und genießen. Geschmacklich genial und zuckerfrei.

kräuter haben das Bedürfnis nach viel Licht und Wärme.

> Südländische Kräuter wie Lavendel, Thymian, Rosmarin und Salbei brauchen einen sandigen, durchlässigen Boden. So können sie ihre ätherischen Öle ausbilden.

> Melisse, Pfefferminze, Schnittlauch und Liebstöckel bevorzugen einen nährstoff-reichen Boden. Daher mit Komposterde stärken bzw. Hornspäne bei mehrjährigen Kräutern ins Pflanzloch dazugeben.

> Basilikum, das ursprünglich aus den Tropen stammt, braucht sehr viel Sonne und ist eine überaus kälteempfindliche Pflanze. Schon bei Temperaturen unter 12 Grad reagiert sie beleidigt.

> Zitronenverbene und Rosmarin müssen im Winter in einen frostfreien Raum gestellt werden.

> Einjährige Kräuter wie Petersilie, Dill oder Basilikum können im Sinne der Mischkultur sinnvoll zwischen Gemüse-kulturen gesetzt werden. (siehe Kapitel Mischkultur S. 100)

> Pflanzen Sie Pfefferminze nie in beste-hende Beete, denn die Wurzeln haben unterirdische Ausläufer und würden alles überwuchern. Geben Sie diese am besten in große Töpfe oder in extra Beete.

Wie verwendet man die Kräuter?

Je frischer, desto besser! Einfach in den Salat hineinschneiden oder als Aufstrich zubereiten. Wenn Sie Gemüse dünsten, dann streuen Sie die frischen Kräuter zum Schluss drüber. Alternativ verwenden Sie die Kräuter zum Beispiel für:

> FRISCHE SMOOTHIES

> SALZE: frische oder getrocknete Kräuter für selbstgemachte Kräutersalze

> TEES: frische oder getrocknete Kräuter 5 bis 8 Minuten ziehen lassen und dann abseihen

> BÄDER UND INHALATIONEN: Kräuter in heißes Wasser geben und mit einem Badetuch über dem Kopf inhalieren. Wirkt Wunder bei Atemwegs- und Hautproblemen

ANGELIKAS TIPP:
Smoothies sind in aller Munde – auch mit den Heilkräutern sind sie lecker. Vor allem Zitronen-verbene kann ich für Smoothies sehr empfehlen.

WAS IST DRIN

IM KRÄUTL?

Ätherische Öle

Wirken entzündungshemmend bei Hautreizungen, erleichtern das Abhusten, wirken harntreibend und krampflösend sowie tonisierend auf Magen, Galle, Leber und Darm.

Alkaloide

Starke Wirkkraft, daher auch als »Heilgift« bezeichnet. Wichtiger Bestandteil für die allgemeine Heilwirkung von Kräutern, wirken blutdrucksteigernd, anregend und krampfstillend.

Bitterstoffe

Ein Großteil der Kräuter schmeckt bitter. Gerade durch unseren unnatürlich hohen Zuckerkonsum sind Bitterstoffe essenziell. Drei Gruppen werden unterschieden: Die erste wirkt auf die Magensaftsekretion und ist verdauungsfördernd, die zweite hat antiseptische Wirkung und regt Darm, Galle und Leber an. Die dritte Gruppe (sogenannte Scharfmittel in Ingwer, Pfeffer und Galgant) wirkt verdauungsfördernd und regt den Kreislauf an.

Flavonoide

Eine weit verbreitete Gruppe pflanzlicher Inhaltsstoffe. Sie stärken die Blutgefäße, wirken positiv auf Magen und Darm und sind herz- und kreislaufstärkend. Flavonoide unterstützen die Wirkung von anderen Inhaltsstoffen der Pflanzen.

Gerbstoffe

Können Eiweißstoffe der Haut und Schleimhaut binden und machen sie widerstandsfähiger; sind zudem bakterienhemmend.

Flavonoide wirken herz- und kreislaufstärkend

ANGELIKAS TIPP:
Bitterstoffe sind besonders wichtig bei unserem oft übertrieben hohen Zuckerkonsum.

Glykoside

Wirken herzstärkend und positiv auf den Verdauungstrakt.

Kieselsäure

Gut für Haare, Haut und Nägel. Wirkt auch harntreibend.

Mineralstoffe

Lebensnotwendige, anorganische Nährstoffe wie zum Beispiel Kalium, das besonders wichtig für den Knochenstoffwechsel ist.

Saponine

Wirken antibiotisch und immunstärkend, die Seifenstoffe verflüssigen den Schleim, unterstützen das Abhusten und können sogar den Cholesterinspiegel senken.

Schleimstoffe

Werden für ihre reizlindernde Wirkung geschätzt.

Senföle

Ätherische Öle, die stark antibiotisch wirken (siehe Kapitel Wintersalate S. 118).

Vitamine

Provitamin A (Carotin) stabilisiert die Immunabwehr und fördert die Regeneration der Zellen. B-Vitamine sind wichtig für den Energiestoffwechsel und Vitamin C stärkt bekanntlich das Immunsystem.

Pfefferminztee ist in vielen heißen Ländern das Tagesgetränk, denn die Minze wirkt kühlend.

Kieselsäure ist gut für Haare, Haut und Nägel.

131

MEINE TOP 20 KRÄUTER
UND IHRE WIRKUNGEN

Bibernelle
(Pimpinella saxifraga)

ENTHÄLT: Ätherische Öle, Gerbstoffe, Saponine und Cumarine

WIRKUNG: Die Bibernelle ist weniger verbreitet, da man die Wurzel verwendet – aber es zahlt sich aus, denn sie wirkt stark entzündungshemmend und sekretfördernd. Sie ist ein wirkungsvoller Schleimlöser der oberen Atemwege, etwa bei Bronchitis oder Angina.

TIPP: Ihre Wurzeln kann man auch getrocknet in der Apotheke kaufen.

Salbei
(Salvia officinalis, Zahnblatt)

ENTHÄLT: Ätherische Öle wie Salvin und Rosmarinsäure

WIRKUNG: Als Tee oder Gurgellösung sehr wirksam gegen Husten und Heiserkeit, tötet Bakterien ab, die Rosmarinsäure wirkt entzündungshemmend; auch ausgleichend gegen psychischen Stress, gegen Zahnfleischbluten einfach ein Blatt kauen!

TIPP: Nicht zu große Mengen von Salbei verwenden! Grundsätzlich sollten Sie eher mehrere unterschiedliche Kräuter für eine Teekur (3 Wochen sind perfekt) heranziehen. Nach den 3 Wochen das Kraut wieder absetzen und dem Körper andere Kräuterimpulse geben.

Oregano
(Origanum vulgare, Dost, Wilder Majoran)

ENTHÄLT: Ätherische Öle, Bitterstoffe, Gerbstoffe

WIRKUNG: Gut gegen Blähungen, aber auch gegen Husten und Halsschmerzen, wirkt entkrampfend

Thymian
(Thymus vulgaris, Römischer Quendel)

ENTHÄLT: Ätherische Öle und Gerbstoffe

WIRKUNG: Die Öle wirken schleim- und krampflösend sowie stark desinfizierend, antibakteriell und antibiotisch, gut gegen

ANGELIKAS TIPP: Teegenuss aus dem Garten: Kraut für eine Tasse mit kochendem Wasser übergießen, maximal 5 bis 8 Min. ziehen lassen!

Salbei

Oregano

Thymian

Bibernelle

Schnittlauch

Liebstöckel

Schnittknoblauch

Petersilie

Verdauungsprobleme und grippale Infekte sowie Reiz- und Keuchhusten

TIPP: Bei Husten Thymian inhalieren! Dazu Kraut und Blüten mit heißem Wasser übergießen. 2 bis 3 Minuten warten und mit einem Badetuch über dem Kopf fest inhalieren!

Himbeer- und Brombeerblätter

ENTHÄLT: Gerbstoffe, Kalium, Vitamin C und Flavonoide

WIRKUNG: Die Blätter wirken gegen Bakterien und bei Magen- und Darmproblemen.

Petersilie
(Petroselinum crispum)

Verwendet werden Blätter und Wurzeln.

ENTHÄLT: Ätherische Öle, Vitamin C, Provitamin A und Kalium

WIRKUNG: Harntreibend und entkrampfend, regt Magen und Darmtrakt an

TIPP: 10 Gramm Petersilie decken den Tagesbedarf an Vitamin C.

Schnittlauch
(Allium schoenoprasum)

ENTHÄLT: Vitamin C, Senföle, Mineralstoffe, Saponine und Spurenelemente

WIRKUNG: Schnittlauch wirkt bakterienhemmend, anregend auf Appetit und Verdauung und reguliert schonend erhöhten Blutdruck. Beugt Tumoren

und Blutverklumpung vor und senkt den Cholesterinspiegel. Verhindert auch die Ansammlung von Wasser im Gewebe und die Bildung von Harnsäure.

TIPP: Auch die Blüten sind schmackhaft und gesund.

Liebstöckel
(Levisticum officinale, Maggikraut)

Beim Liebstöckel wird die Wurzel verwendet, hier sind die Inhaltsstoffe höher. Aber auch das Kraut hat heilende Wirkung.

ENTHÄLT: Ätherische Öle und Spurenelemente

WIRKUNG: Gut gegen Sodbrennen, auch bei entzündeten Harnwegen werden Kraut und Wurzel gerne verwendet. Fördert den Abgang von Nierensteinen. Wirkt weiters krampflösend sowie gegen Völlegefühle.

TIPP: Wurzel als Tee verarbeiten! Dazu die Wurzel in kaltes Wasser geben, aufkochen und abseihen.

Schnittknoblauch
(Allium tuberosum)

Schmeckt nach Knoblauch, aber nach dem Verzehr weniger stark riechend sowie leichter verträglich.

ENTHÄLT: Allicin und ätherische Öle, Saponine und Vitamine

WIRKUNG: Schnittknoblauch wirkt antibiotisch und stärkt das Immunsystem, löst Krämpfe und wirkt verdauungsfördernd, lindert Entzündungen

Basilikum hilft gegen Magenbeschwerden

ANGELIKAS TIPP: Der Liebstöckel oder auch Luststock genannt trägt nicht von ungefähr seinen vielversprechenden Namen!

Majoran
(Origanum majorana)

ENTHÄLT: Bitterstoffe, Gerbstoffe, ätherische Öle

WIRKUNG: Krampflösend, schleimlösend, gegen Durchfall

TIPP: Majorantee gegen Kopfschmerzen! Nur 3 bis 5 Minuten ziehen lassen und trinken! Bei großen Stresszuständen empfehle ich eine dreiwöchige Majorankur.

Basilikum
(Ocimum basilicum, Königskraut)

ENTHÄLT: Ätherische Öle, Gerbstoffe und Flavonoide

WIRKUNG: Gut gegen Blähungen und Magenverstimmungen, schweißtreibend

TIPP: Die Pflanze braucht sehr viel Sonne. Nicht übergießen!

Rosmarin
(Rosmarinus officinalis)

ENTHÄLT: Ätherische Öle, Gerb- und Bitterstoffe und Flavonoide

WIRKUNG: Regt zentrales Nervensystem an und fördert die Durchblutung, krampflösend, viren- und bakterienhemmend, sehr wirksam bei Verdauungsproblemen

Minze, Pfefferminze
(Mentha piperita)

ENTHÄLT: Ätherische Öle (Menthol), Bitter- und Gerbstoffe

WIRKUNG: Wirksam bei Gallenproblemen, fördert die Durchblutung

TIPP: Bei Magengeschwüren nicht trinken, denn Minze reizt die Schleimhäute.

In den südlichen Ländern ist der Tee der Nana-Minze das Tagesgetränk, wenn es heiß ist, denn der Tee kühlt den Körper von Innen.

Kamille
(Matricaria recutita)

ENTHÄLT: Ätherische Öle wie Chamazulen und Bisabolol, Flavonoide, Gerbstoffe und Valeriansäure

WIRKUNG: Entzündungshemmend, gut gegen Hauterkrankungen und Akne, gegen Magenprobleme sowie Entzündungen im Mund- und Rachenbereich

TIPP: Ein Bad mit Kamille wirkt auch gut bei schlecht heilenden Wunden, auch für Kleinkinder ist dieses Kraut in allen Varianten sehr empfehlenswert.

ANGELIKAS TIPP:
Ich empfehle, zweimal pro Woche eine Handvoll Kräuter zu essen.

Allein ihr Duft ist unverkennbar – die Kamille ist eines der beliebtesten Heilkräuter.

Rosmarin

Basilikum

Pfefferminze

Zitronenmelisse

Ysop

Wermut

Gartenkresse

Zitronenverbene

Lavendelöl auf den Fußsohlen unterstützt einen tiefen Schlaf.

ANGELIKAS TIPP:
Gegen Entzündungen helfen Thymian, Ysop, Kamille, Basilikum und Gartenkresse.

Melisse
(Melissa officinalis, Frauenwohl, Zitronenmelisse)

ENTHÄLT: Ätherische Öle, Cintronellal und Citral, Bitter- und Gerbstoffe

WIRKUNG: Krampflösend und beruhigend, verhindert Bakterien- und Pilzwachstum, Gerbstoffe wirken antibiotisch, gut gegen Unruhe und stressbedingte Kopfschmerzen sowie bei Einschlafschwierigkeiten

Lavendel
(Lavandula angustifolia)

ENTHÄLT: Ätherische Öle und Gerbstoffe, Flavonoide, Phytosterine und Cumarin

WIRKUNG: Beruhigend, schmieren Sie das Öl auf die Fußsohlen, dann schlafen Sie gut! Vor dem Schlafengehen auch als Tee empfehlenswert.

Ysop
(Hyssopus officinalis, Bienenkraut)

ENTHÄLT: Gerbstoffe, Sitosterin und ätherische Öle

WIRKUNG: Krampf- und schleimlösend, entzündungshemmend, antibakteriell, gegen Magen- und Darmbeschwerden

Zitronenverbene
(Aloysia citrodora)

ENTHÄLT: Ätherische Öle, Gerb- und Bitterstoffe, Flavonoide

WIRKUNG: Diese Kübelpflanze hat einen herrlichen Zitronenduft und wirkt anti-

oxidativ, schmerzlindernd und antibakteriell. Wird auch gegen Fieber und Krämpfe eingesetzt.

Wermut
(Artemisia absinthium, Absinth, Magenkraut, Wurmkraut)

ENTHÄLT: Bitterstoffe wie Absinth, Gerbstoffe und ätherische Öle wie Thujol

WIRKUNG: Regt Gallenfluss an, verdauungsfördernd, beruhigend. Nicht mehr als 2 Tassen pro Tag trinken!

TIPP: Laut Hildegard von Bingen ist das Kraut der »wichtigste Meister gegen alle Erschöpfungen«. Für Wermutwein einfach 1 Liter Rotwein kurz aufkochen und ein Asterl Wermut 2-3 Minuten darin schwenken. Den Wein abkühlen lassen und ein bis zwei Löffel Honig dazu geben. Den fertigen Wermutwein in Halbliterflaschen mit gutem Verschluss abfüllen.

Breitblättrige Gartenkresse
(Lepidium latifolium)

ENTHÄLT: Ätherische Öle, Flavonoide und Gerbstoffe

WIRKUNG: Bei Erkältung am besten ein Blatt pur essen, das befreit Nase und Rachen. Das Kraut wirkt antibiotisch und ist eine wiederentdeckte mittelalterliche Gewürzstaude. Die Blüten duften nach Honig und das Blatt schmeckt pfeffrig-scharf.

TIPP: Ist sehr ausdauernd und breitet sich im Beet stark aus. Am besten an den Beetrand pflanzen!

137

ESSEN STATT ÄRGERN!

Brennnessel & Co.: So nutzen Sie die Gratis-Apotheke vor der Haustür! Welche verborgenen Vitamin-cocktails in Ihrem Garten wachsen und wie das Unkraut von gestern zum Superfood von morgen wird. Meine liebsten Heil- und Wildkräuter.

Ist es nicht paradox? Wir ärgern uns über das Unkraut im Garten, geifern über Giersch & Co und rücken dem »Feind in unserem Beet« körperlich zu Leibe. Frei nach dem Motto: Pflanze, wächst du nicht kultiviert, wirst du eliminiert! Damit Unkraut vergeht! Ermattet von der anstrengenden Jät-Arbeit im Garten greifen wir dann zu Vitaminkapseln und Dragees mit Mineralstoffen und Spurenelementen aus der Apotheke. Schließlich sind wir gesundheitsbewusst. So glauben wir ... Klüger wäre freilich der direkte Weg: Denn vieles von dem, was als sogenanntes »Unkraut« im Garten heranwächst, ist der Quell reinster Vitalität. Ja – wir haben die Apotheke buchstäblich vor unserer Haustür. Und zwar gratis und zur freien Entnahme. »Essen statt ärgern!« empfehle ich daher jedem Gartenbesitzer für den Umgang mit ungewolltem Pflanzennachwuchs. Brennnessel, Giersch & Co sollten daher auch nicht länger als Unkräuter verunglimpft, sondern als Heil- und Wildkräuter geschätzt werden. Die Bezeichnung »Unkraut« ist ohnehin eine Erfindung der Industrie, die die Konkurrenz der wertvollen und inhaltsstarken Vitalitätsspender aus der Natur fürchtete und sie aus diesem Grund mit üblem Ruf belegte.

Das Comeback der »wilden Kräuter«

Seit einigen Jahren besinnt man sich glücklicherweise wieder der großartigen Wirkung der Wildkräuter. Schließlich standen diese aufgrund ihrer Nähr- und Inhaltstoffe jahrtausendelang auf dem Speisezettel unserer Vorfahren. Wildpflanzen dienten sowohl als Nahrung als auch als Medizin. So lernte man auch die

Wirkung der Pflanzen auf den Organismus in der alltäglichen Anwendung kennen. Ein Schatz an Erfahrungen, der von Generation zu Generation weitergegeben wurde und den Menschen half, ihr Überleben zu sichern. In unserer modernen, technikgläubigen Gesellschaft beinahe in Vergessenheit geraten, feiert dieses Wissen nun ein Revival. Wildkräuter erobern die Speisekarten von Sterne-Köchen und finden allmählich auch wieder Eingang in die Volksmedizin. Völlig zurecht – die Wirkungen vieler Wildkräuter sind sagenhaft, der Gehalt an Vitaminen und Vital-

Wildkräuter erobern die Speisekarten von Sterne-Köchen und finden allmählich auch wieder Eingang in die Volksmedizin.

stoffen ist oftmals um ein Zigfaches höher als jener von Kulturgemüse. So hat etwa die Brennnessel einen 20-mal so hohen Anteil an Kalzium wie Kopfsalat und enthält fast doppelt so viel Eisen wie der als Eisen-Wunderwuzzi geltende Spinat. Der Kalium-Anteil der Vogelmiere ist mehr als dreimal so hoch wie jener von Chinakohl, der Phosphor-Gehalt des Gänseblümchens übersteigt jenen von Mangold um das Doppelte. Die Aufzählung ließe sich unendlich fortsetzen.

ANGELIKAS TIPP:

Manchmal tauchen im Garten genau jene Wildkräuter auf, die zur eigenen Gesundheit wesentlich beitragen können. Die Natur ist natürlich intelligent.

Elexiere für Wohlbefinden und Energie

Die Natur meint es also gut mit uns. Sie ist freundlich und zuvorkommend. Wir müssen nur wieder lernen, ihr Angebot auch zu schätzen. So ist es ja alles andere als ein Zufall, dass viele dieser Kräuter gerade im Frühjahr aus dem Boden schießen. Also gerade dann, wenn wir nach der kargen Winterszeit wieder frische Vitalität benötigen. Auch heute noch ist Frühjahrsmüdigkeit nichts anderes als ein Zeichen schlechter Ernährung und mangelnder Vitalstoffe – die Natur weiß Abhilfe. Was haben die Frauen einst im Frühjahr als Erstes zubereitet? Einen Salat aus dem Guten Heinrich, auch Wilder Spinat genannt. Die Pflanze aus der Gattung der Gänsefüße enthält viel Vitamin C und Eisen und bot den Menschen somit eine ideale Stärkung des Immunsystems. Auch Blätter von Birken oder Buchen dienten früher als Nährstofflieferant im Frühling. Einen besonders wichtigen Nährstoff stellt dabei das Chlorophyll dar, das grüne Farbpigment der Pflanzen schützt, nährt und heilt – ein Elexier für Wohlbefinden und Gesundheit.

Salate, Suppe, Pestos, Smoothies, Tees

Wildkräuter enthalten neben dem hohen Gehalt an Vital- und Mineralstoffen auch große Mengen bioaktiver Pflanzenstoffe wie Bitterstoffe, Flavonoide und Gerbstoffe. Ebenso heilkräftige und präventiv wirksame Pflanzenstoffe in Wildkräutern sind Saponine, Schleimstoffe, Kieselsäure, Phytosterine und viele mehr. Wildkräuter sind wahre Überlebenskünstler: Sie sind robust, widerstandsfähig und vor Gesundheit strotzend. Alle diese tollen Eigenschaften übertragen sie jenem, der sie verzehrt. Zu sich nehmen kann man diese auf unterschiedliche Arten – in Form von Salaten, Suppen, Pestos, grünen Smoothies, Gewürzmischungen und Tees. Wildkräuter können aber auch zu spinatähnlichem Gemüse gedünstet oder für Kräuterbutter oder Kräuterfrischkäse verwendet werden. Wildkräuter schmecken zudem meist würziger und aromatischer als Kultursalate.

Green Smoothie: Mixen Sie frische Kräuter und Salate mit Apfel und Banane oder anderen Früchten. Eine einfache und höchst gesunde Variante, Grünes zu genießen.

Gänseblümchen

Knoblauchrauke

Vogelmiere

Wiesenschaumkraut

142

so mach' ich es!

Jedes Frühjahr mache ich meine mittlerweile traditionellen Entgiftungskuren. Als Grundlage dafür dienen mir die Wildkräuter aus dem Garten. Suppen, Pestos, Smoothies rund um Brennnessel, Vogelmiere & Co stehen wochenlang auf meinem Ernährungsprogramm. Vor allem der Brennnesseltee mit frischen Brennnesselblättern bedeutet für mich Entschlackung pur! Er vitalisiert, belebt, entschlackt und wirkt blutreinigend. Teetrinkkuren sollten etwa drei Wochen lang gemacht werden, dann am besten das »Kräutl« wechseln, wie es auch Kneipp empfiehlt. Motto: Impulse setzen und dann den Körper wieder mal ruhen lassen.

Tagsüber esse ich in dieser Phase Brennnesselsuppe oder Bärlauch-Pesto. Ich merke buchstäblich, wie mein Körper entgiftet und dass ich weniger Schlaf brauche – keine Spur von Frühjahrsmüdigkeit! Wildkräuter liefern mir den Turbo für den Start ins Jahr. Energetisch gesprochen gilt die Regel: Wenn etwas in deinem Garten auftaucht, was du nicht erwartet hast, dann braucht es dein Organismus! Klingt ein wenig spirituell, habe ich aber tatsächlich schon mehrfach beobachtet. So sind bei einer Bekannten von mir eines Tages großen Mengen Lungenkraut gewachsen – kurz danach hat sich herausgestellt: Sie hatte tatsächlich Lungenprobleme. Oder: Bei einer Nachbarin ist plötzlich vermehrt die Karde aufgetaucht, auch hier lag ein Krankheitsbild vor, gegen das die Pflanze wirkt: Borreliose!

Hunderte Wild- und Heilkräuter finden sich am Wegesrand, im Wald und auf der Wiese. Einige davon gedeihen auch bei Ihnen im Garten. Hier eine kleine Aufzählung der wichtigsten Heilpflanzen, formerly known as »Unkraut«.

Brennnessel
(Urtica dioica)

ANGELIKAS TIPP:

In Tees und Aufstrichen, über dem Salat oder als Smoothies genossen entfalten Wildkräuter ihre größte Wirkung.

Der Superstar unter den Wildkräutern (siehe S. 150). Die Pflanze mit den charakte-

143

Spitzwegerich

Vogelmiere

Brennnessel

Löwenzahn

Gundelrebe

Giersch

Mit ihren außergewöhnlichen Heilkräften ist die Brennnessel das »Schweizer Messer« unter den Heilpflanzen

ristischen Brennhaaren verfügt über außergewöhnliche Heilkräfte und ist ein ausgesprochen vitaminreiches Frühjahrsgemüse. Die Urtica dioica ist das »Schweizer Messer« unter den Heilpflanzen und ein Breitband-Therapeutikum mit einer Fülle an Anwendungsgebieten. Die Brennnessel wirkt entschlackend und fördert den Stoffwechsel, stärkt das Immunsystem und senkt den Blutdruck, sie hilft bei Arthritis, Arthrose, Prostatabeschwerden, Haarausfall und Blasenproblemen, wirkt positiv bei entzündlichen Darmerkrankungen, ihre Samen gelten als eines der kraftvollsten Nahrungsergänzungsmittel überhaupt und in Form der Brennnesseljauche liefert die Pflanze auch gleich den idealen Dünger für den Garten. Die Pflanzenteile sind in der Küche vielseitig einsetzbar – die Möglichkeiten reichen von Pesto über Brennnessel-Palatschinken bis zu vitalisierenden Smoothies. Ein Genuss mit hohem Wellnessfaktor: Das Wildkraut liefert mehr Eisen als Spinat und siebenmal so viel Vitamin C wie Orangen.

ANGELIKAS TIPP:

Brennnesseltee: Nach dem ersten Aufguss die Brennnesselblätter abseihen und noch einmal aufkochen! So lösen sich auch noch andere Inhaltsstoffe mit weiteren Heilwirkungen!

Vogelmiere
(Stellaria media)

Vorbei die Zeiten, in denen man die einjährige, krautige Pflanze mit ihren typischen

Sternblüten als Unkraut verteufelte! Die Pflanze ist komplett verwendbar inklusive Blätter, Blüten, Stängel und den kleinen Fruchtkugeln. Ideal für Salat, Kräutertopfen, Suppe und Tees. Durch ihren hohen Gehalt an Vitaminen, Mineralien und Saponinen stärkt sie die Lebenskraft und unterstützt bei Mangelerscheinungen. Das Kraut hat entzündungshemmende, schmerzlindernde und verdauungsfördernde Wirkung und wird in der Volksmedizin bei Husten, Asthma, Rheuma, Lungen- und Hautkrankheiten eingesetzt. Die Pflanze selbst ist ein echter Überlebenskünstler und keimt sogar im Winter bei Minusgraden unter Schnee.

Giersch
(Aegopodium podagraria)

Vom Gartenschreck zum Nährstofflieferant. Durch seine weiten Wurzelausläufer ist der »Geißfuß« für viele Gärtner ein hartnäckiger Gegenspieler im Blumenbeet. Einmal im Garten ansässig, ist ihm tatsächlich nur schwer beizukommen. Daher gilt für den Giersch umso mehr die Devise »Essen statt ärgern«. Die zarten Pflanzenteile erinnern geschmacklich an Karotten und Petersilie. Der auch als »Zipperleinskraut« bezeichneten Pflanze wird eine blutreinigende

Wirkung nachgesagt und gilt in der Volksheilkunde als eines der besten Mittel gegen Gicht und Rheuma. Giersch ist reich an Kalium, Magnesium, Calcium, Mangan, Zink und Kupfer und beinhaltet ein Vielfaches mehr an Vitamin A und C als der Kopfsalat.

Gundelrebe & Gundermann
(Glechoma hederacea)

Gundelrebe & Gundermann sind eine starke Stütze für die Hausapotheke.

Klein und unauffällig im Wuchs, aber eine starke Stütze für die Hausapotheke. Dank des hohen Gehalts an Bitter- und Gerbstoffen sowie ätherischer Öle wirken die Pflanzenteile positiv bei chronischer Bronchitis und Schnupfen, Blasen- und Nierenleiden sowie Magen- und Darmkatarrhen. Äußerlich wird die aromatische Pflanze mit den blau-lila Blüten zur Behandlung von schlecht heilenden Wunden eingesetzt. Da der Gundermann angenehm würzig schmeckt, eignet er sich auch vorzüglich als Küchengewürz für Kräutersuppe oder Kräuterbutter.

Löwenzahn
(Taraxacum officinale)

Spaßblume und Heilkraut. Der Löwenzahn erfreut Kinder als Pusteblume und zählt

gleichzeitig zu den ältesten und wirksamsten Pflanzen der Volksmedizin. Der Löwenzahn enthält achtmal so viel Vitamin C und doppelt so viel Kalium, Magnesium und Phosphor wie Kopfsalat. Die Pflanze steigert die Gallensekretion und ist äußerst hilfreich bei Leberbeschwerden, Gicht und rheumatischen Erkrankungen. Löwenzahntee wirkt harntreibend, entgiftend und entschlackend. Der schmackhafte Röhrsalat aus seinen Blättern sorgt überdies für einen kulinarischen Frühjahrsgenuss.

Spitzwegerich & Breitwegerich
(Plantago lanceolata)

Die Wegerich-Gewächse gehören bereits seit der Antike zu den meistgenutzten

147

Der Löwenzahn erfreut
Kinder als Pusteblume und
zählt gleichzeitig zu den
ältesten und wirksamsten
Pflanzen der Volksmedizin.

Heilpflanzen. Aufgrund ihrer antibakteriellen Eigenschaften sind die Pflanzen mit den langen, lanzenförmigen Blättern und dem champignonartigen Geschmack ein bewährtes Hustenmittel und verfügen über eine außergewöhnliche Wundheilungswirkung. Die Blätter des Spitzwegerichs – am besten als Tee genossen – lösen den Schleim, wirken gegen Krankheitserreger und lindern Entzündungen. Auch zur schnellen Desinfizierung von Wunden eignet sich die Pflanze ideal.

Bärlauch
(Allium ursinum)

Ein mittlerweile beliebter Frühlingsgruß, der auch die kreative Küche bereichert. Die Blätter der auffallend nach Knoblauch duftenden Pflanze lassen sich ideal zu Suppen, Saucen und Pesto verarbeiten bzw. schmecken bekömmlich als Brotaufstrich, Kräuterbutter oder Kräutertopfen. Die Inhaltsstoffe der vitaminreichen Pflanze, die feuchte (Wald-)Böden liebt, fördern die Verdauung, helfen bei Arteriosklerose und erhöhtem Blutdruck. Ein hervorragendes Mittel also, um Herzinfarkt und Schlaganfall vorzubeugen. Vorsicht beim Selbersammeln: die Verwechslungsgefahr mit

den giftigen Pflanzen Herbstzeitlose und Maiglöckchen ist groß.

Sauerampfer
(Rumex acetosa)

Wer hat als Kind nicht schon davon genascht und dabei sein Gesicht verzogen? Sein sauer, zitronenartiger Geschmack weckt in uns daher bis heute zarte Kindheitserinnerungen. Seit jeher ist der Wiesen-Sauerampfer auch ein beliebtes Wildkraut, das reichliche Vitamin C enthält, erfrischt und gegen Frühjahrsmüdigkeit wirkt. Daher haben ihn die Franzosen im Garten sogar als Suppenkraut gezüchtet. Vorsicht allerdings beim Verzehr zu großer Mengen, da die Pflanze Oxalsäure enthält, die über mehrere Monate eingenommen die Nieren schädigen kann.

Daneben gibt es noch viele weitere wertvolle Wild- und Heilkräuter – wie das Gänseblümchen, welches auch das »Antibiotikum für Kinder« genannt wird. Oder den Beifuß, der an vielen Wegrändern und Geröllplätzen wächst und bei Frauenleiden und auch bei Verdauungsproblemen eingesetzt werden kann.

GÄÄÄÄHN...

Sauerampfer erfrischt und hilft gegen Frühjahrsmüdigkeit.

BUCHTIPP:
Detaillierte Infos und einen vollständigen Überblick liefert das Buch »Essbare Wildpflanzen« von Steffen G. Fleischhauer et al.

Zehn Fakten rund um die Brennnessel

1

Brennnesselblätter liefern sechsmal mehr Calcium als Milch, ihr **Vitamin-C-Gehalt ist dreimal so hoch wie jener von Kiwis**. Auch für Beta-Carotin, Magnesium und Eisen sind die Brennnesselblätter eine reichhaltige Quelle.

2

Wildkräuter-Guru Wolf-Dieter Storl ist überzeugt: »Die Brennnessel ist dermaßen **heilkräftig**, dass nur ihre Brennhaare sie davor bewahrt haben, nicht schon längst durch übermäßige Ernte ausgerottet worden zu sein.«

3

Man kann die Brennnesselblätter auch **roh für den Salat** verwenden, wenn man sie drei Sekunden blanchiert oder behutsam mit einem Nudelholz abrollt.

4

Eine Tinktur aus den Wurzeln ist auch bei **Prostatabeschwerden** wirksam.

5

Furchtlose **Rheumapatienten** lassen sich mit der ganzen Pflanze auf den nackten Körper schlagen, um die volle Reizwirkung des Brennnesselgifts auszunutzen.

6

Die reifen Samen der Brennnessel, kleine graue Nüsslein, haben eine ähnlich **energetisierende Wirkung wie Ginseng** und machen die Pflanze zu einem Lebenselexier, zu einem »Red Bull des Gartens«.

7

Die Samen der Brennnessel enthalten hormonähnliche Substanzen und sollen auch die Potenz anregen, weshalb das **»Bio-Viagra«** Mönchen und Nonnen im Mittelalter strikt verwehrt wurde.

8

In Frankreich rief die Wirkung der Brennnessel sogar die Düngemittel-Lobby auf den Plan und provozierte einen »Brennnesselkrieg«. Denn die Herstellung von Brennnesseljauche als biologischer Gartendünger war zwischenzeitlich **per Gesetz für einige Jahre verboten**.

9

Schon die alten Germanen verehrten die Brennnessel. In der nordischen Mythologie war sie dem **Wächter der Götter auf der Regenbogenbrücke** geweiht.

10

In England wird noch heute Brennnesselbier mit **harntreibender und entschlackender Wirkung** gebraut.

EIN GESCHENK
AN IHRE GESUNDHEIT

Lassen wir die Fakten für sich sprechen: Mit folgenden Tatsachen möchte ich Sie überzeugen, dass die Wildkräuter in Ihrem Garten ein Geschenk an Ihre Gesundheit sind.

Die Kraft aus der Natur – ganz ohne E-Nummern, Zucker oder andere Zusätze. Natur pur = Kraftquelle! Hier die Inhaltstoffe und ihre Wirkungen:

> Für die Balance: Gerbstoffe
> Für das Immunsystem: Ätherische Öle
> Zur Entgiftung: Schleimstoffe
> Für die Glücksgefühle: Ballaststoffe
> Gegen Stress: Bitterstoffe
> Für Kraft & Konzentration: Chlorophyll
> Für Haare & Haut: Kieselsäure

Zur Überlegenheit der Wildpflanzen in Bezug auf Eiweiß, Eisen und Vitamin C folgender Vergleich:

Eiweiß

> Giersch .... 8,4 g
> Brennnessel .... 7,4 g
> Gundermann .... 6,1 g
> Taubnessel .... 5,3 g

IM VERGLEICH

> Spinat .... 2,8 g
> Kopfsalat .... 1,2 g

Eisen

> Vogelmiere .... 4800 yg
> Breitwegerich .... 4300 yg
> Brennnessel .... 4100 yg
> Gundermann .... 3700 yg

IM VERGLEICH

> Spinat .... 3400 yg
> Kopfsalat .... 314 yg

Vitamin C

> Brennnessel .... 333 mg
> Gundermann .... 230 mg
> Taubnessel .... 216 mg

IM VERGLEICH

> Spinat .... 51 mg
> Kopfsalat .... 13 mg
(Gehalt je 100 Gramm)

Ein Gesundheitskorb aus der Natur

BUCHTIPP:

Quelle: Lebensmitteltabelle für die Praxis. Der kleine Souci/Fachmann/Kraut. Wissenschaftliche Verlagsgesellschaft.

Helfer bei Hormon-schwankungen: der Rotklee

(Trifolium pratense)

Ein wunderbares Kraut gegen Hormon-schwankungen rund um die Wechseljahre: Rotklee in Form von Kapseln oder Tee ist eine pflanzliche Alternative zur Hormon-ersatztherapie bei Frauen.

Das Schmetterlingsblütengewächs enthält die sekundären Pflanzenstoffe Isoflavone, die eine ähnliche chemische Zusammen-setzung wie Östrogen aufweisen. Viele Frauen schwören daher auf die Einnahme von Rotklee, das die typischen Wechsel-beschwerden lindern kann.

153

Essbare Blüten – ein Festmahl für die Sinne

Von der Blumenwiese auf den Gourmetteller:
Viele Blüten sind nicht nur Augen-, sondern
auch exzellenter Gaumenschmaus. Welche
blühenden Schönheiten Sie künftig unbedingt
in Ihren Speiseplan integrieren sollten!

Sie duften berauschend, leuchten in allen Farben des Frühlings und machen als bunte Geschöpfe der Natur so richtig Freude am Teller: die Blüten meiner Gartenblumen. Es ist immer wieder eine Freude, wenn ich sie, hübsch drapiert auf Salaten, Suppen oder Pasta-Gerichten, Freunden und Familie servieren darf. Die Reaktionen, die ich dabei ernte, folgen jedes Mal einem liebgewonnenen Ritual: Zuerst ein freundliches Lächeln und entzückte Blicke, wenn meine Gäste den bunten Blütenteller sehen, daraufhin kurzes betretenes Schweigen, bis einer aus der Runde zögerlich die Frage an mich richtet: »Angelika, werden wir vergiftet, wenn wir das alles essen?«

Meine Lieblingsantwort, mit breitem Grinsen: »Keine Sorge! Zumindest einmal kann man alles essen.«

So viel zur Ironie! Tatsächlich sind viel mehr Blüten, als wir denken, nicht nur genießbar, sondern ausgesprochen genüsslich. Zu Großmutters Zeiten dienten viele Blüten als Gewürzersatz und zum Verfeinern von Speisen. Heute wissen wir oft gar nicht mehr, welche kulinarischen Geheimkräfte in den Blüten lauern – und vor allem welche Blüten wir essen können. Von einigen sollten wir freilich die Finger lassen. Ungenießbar bis giftig sind z.B.: Akelei, Christrose, Fingerhut, Goldregen, Herbstzeitlose, Maiglöckchen, Oleander,

Vor dem Servieren des Essens mache ich gerne einen Rundgang durch den Garten, um frische Blüten zu sammeln.

156

Pfaffenhütchen, Schierling, Seidelbast und Tollkirsche.

Viele andere – die große Mehrzahl – sind aber echte Gourmet-Lieblinge, geschmackvoll und wunderschön. Schon im Frühjahr gedeihen mit den Blüten der Tulpe und der Pfingstrose die ersten bunten Essdekorationen im Garten. Längst hat auch die Haubenküche die essbaren Blüten entdeckt, mit ihnen gelingen immer wieder neue Geschmacksvariationen: Mit Gänseblümchen etwa verleiht man Salaten einen feinen, nussigen Geschmack. Die Kapuzinerkresse peppt Suppen und Hauptspeisen mit ihrem pfeffrig-scharfen Aroma auf. Süßspeisen lassen sich mit Rosen, Veilchen oder Stiefmütterchen veredeln.

Klarerweise sollten wir den Bienen nicht ihr gesamtes Futter aus dem Garten wegnaschen – aber wenn ausreichend Blüten vorhanden sind, kann man seine Liebsten an der Tafelrunde immer wieder mal mit einem Farbenrausch am Teller beglücken.

WICHTIG ZU WISSEN:

> Nur jene Blüten ernten, die Sie wirklich kennen!
> Verwenden Sie nur ungespritzte Blüten!
> Kurz vor dem Servieren ernten! Der letzte Gartenrundgang vor dem Servieren gehört der Essensdekoration oder dem frischen Blütensalat (Letzteres garantiert eine wahre Geschmacks-Explosion)!

Lesen Sie im Folgenden, welche Blüten Sie beim nächsten Festmahl verwenden können, um noch mehr Farbe und Frische auf Ihren Teller zu bringen. Diese Liste soll Ihnen eine Idee geben, welche Blumen essbar sind und in der Regel in unseren Gärten und auf den Wiesen zu finden sind. Viele von ihnen sind auch typische Teepflanzen. Am einfachsten ist es, wenn Sie die Blüten zu Salaten geben und als Deko verwenden. Auch das Reinschneiden in Dressings ist eine gute Möglichkeit. Aber auch eine »Blüten-Butter«, vermengt mit verschiedenen klein gehackten Blüten, ist eine schöne Abwechslung. Probieren Sie's aus!

Essbare Blüten in Smoothies, zu Saucen und Salaten und als Tee

ANGELIKAS TIPP:

Die Blüten sind die Crème de la Crème der Pflanze! In der Blüte sind wertvolle Inhaltsstoffe wie Vitamine und Mineralstoffe gespeichert. Resultat: schön und gesund zugleich

157

GARTENBLUMEN

BLÜTEN

Taglilie

Dahlien

ANGELIKAS TIPP:

Blütensalze schnell selbst gemacht: Frische Blüten und Salz in einen Mixer geben. Gut durchmixen, bis das Salz die Farbe des Krautes oder der Blüte angenommen hat. Das färbige Salz an einem halbschattigen Ort trocknen lassen und danach in Gläser füllen. So hat man auch über die Wintermonate einen Vorrat an gesunden Blütenölen.

Am besten die Knospen frisch essen, herrlich im Geschmack, hervorragend auch als Wokgemüse. In Essig einlegen – so schmeckt die Blüte wie ein zartes Essiggurkerl. In Asien wird die Taglilie gegrillt gegessen. Je nach Farbe und Sorte schmecken sie unterschiedlich. Gelbe Sorten sind süßer.

Malven / Stockrosen

Kapuzinerkresse

Siehe S. 166

Mit den bunten Blüten lassen sich wunderbare Salze machen.

Rosen

Am besten ist die Damaszener Rose – sie ist am intensivsten in Geschmack und Duft. Ideal zum Kandieren, für Bowlen, Sirup und Blütenzucker sowie Marmeladen.

Rosenblüten lassen sich unter anderem ideal zu köstlichen Marmeladen verarbeiten.

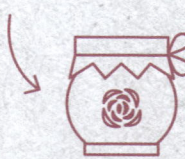

Mutterkraut

Gegen Kopfschmerzen wirkt eine drei-wöchige Kur mit dieser bitter schmecken-den Blume. Die Bitterstoffe wirken zudem verdauungsfördernd.

Fliederblüten

Holunderblüte

Wunderbar in Hollersträuben, als Saft oder Tee gegen Erkältung.

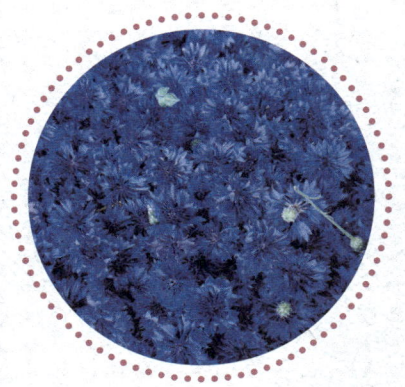

Kornblumen

Werden zum Färben von Risotto verwen-det. Toll für Blütenbutter – das Blau ist im Garten selten! Auch als Tee.

Hostablüten (Funkien)

Auch die lila Blüten der Schattenpflanze sind genießbar.

Königskerzenblüten

Haben auch eine schleimlösende, reizlin-dernde Wirkung.

Cosmea

ANGELIKAS TIPP:
Getrocknete Blüten sind in Teemischungen besonders schön.

Sonnenblumen

Wirken verdauungsfördernd.

Frauenmantelblüte

Auch als Tee, wirkt beruhigend.

159

Goldmelisse

Sehr gut in Tees, auch zu Pasta und Reis-
gerichten passen die roten Blüten hervorragend. Ideal für Sirup verwendbar,
insbesondere auf Vanilleeis.

Oswegokraut

Frisch auf dem Brot schmecken die
pfeffrigen Blüten herrlich.

ANGELIKAS TIPP:
Die Nachtkerze kann
sowohl zur inner-
lichen Anwendung
als Tee, als auch
zur äußerlichen An-
wendung in Form von
Umschlägen verwen-
det werden. Größte
Bedeutung hat aber
das Öl aus den
Samen, welches im
Handel erhältlich ist.
Wirkt gegen Asthma,
Allerien und Hauter-
krankungen.

Phlox

Stiefmütterchen

Wirken blutreinigend.

Ringelblumenblüte

Typische Teepflanze, die von Hildegard
von Bingen schon gelobt wurde. Ist hilfreich bei schädlichen Wurzelnematoden.

Nachtkerzenblüte

GIFTIGE & ungenießbare Blüten

> Akelei, Fingerhut, Schneerose, Gold-
regen, Eisenhut, Herbstzeitlose, Maiglöckchen, Oleander, Paffenhütchen

Folgende Pflanzen tauchen zwar kaum im
Garten auf, zur Sicherheit führe ich sie
an: Schierling, Seidelbast und Tollkirsche

Rose

Goldmelisse

Dahlie

Gurkenkraut

Kapuzinerkresse

Kornblume

Cosmea

Taglilie

Basilikumblüte

Malve

Majoranblüte

Ringelblume

GEMÜSE- & KRÄUTER

BLÜTEN

Sämtliche Blüten der Teekräuter

Brokkoliblüten

Zucchini

Rettich- & Salatblüten

Kümmel

Wirkt Wunder gegen Blähungen – am besten gleich zum Bohnensalat dazudekorieren.

Schnittknoblauch

Lauch- & Schnittlauchblüten

Winterheckenzwiebel

Dieser treibt schon ab Februar / März aus.

Pfefferminze & Thymian

Zitronenverbene

Koriander

Gewürzfenchel

Rucolablüten

Rosmarinblüten

ANGELIKAS TIPP:

Zucchiniblüten fülle ich gerne mit Ricotta-Kräutermischungen. Das ist eine Delikatesse! Die Blüten verwende ich nur dann, wenn ich wirklich eine große Menge davon im Garten habe.

Gurkenkrautblüte

In Cremesuppen und in Aufstrichen sind sie feinster Geschmackszusatz.

Basilikumblüte

Basilikumblüte
(Blue-Magic)

Melonensalbeikraut

Melonen-
salbeiblüte

Pfefferminzblüte

Gurkenkrautblüte

Melonensalbeiblüte

Thymianblüte

163

WILDKRAUT
BLÜTEN

Löwenzahnblüten

Die Knospen, in Essig eingelegt, ergeben sogenannte steirische Kapern.

Gänseblümchen

Bärlauchblüten

Taubnesselblüten

Waldmeisterblüte

Rotklee

Entzündungshemmend und blutreinigend. Wird auch bei Menstruationsbeschwerden sowie Beschwerden in den Wechseljahren eingesetzt.

Gundelrebenblüten

Wegwartenblüte

Früher spielte die Wegwarte eine große Rolle als Kaffeeersatz – die verdauungsfördernde Wirkung von Zichorienkaffee wird noch heute geschätzt.

Schafgarbenblüte

Durch die ätherischen Öle wirkt sie für die Organe anregend. Bei großem Zucker–konsum sind die Gerbstoffe in der Schafgarbe wichtig und wertvoll.

Günselblüte

Bärlauchblüte

Hidden Star
Kapuzinerkresse

würzige Gerichte nutzen und wird darüber hinaus als Heilpflanze für ihre antibiotische und kräftigende Wirkung geschätzt.

Enthaltenes Senföl sorgt für ihre angenehme Schärfe. Die einjährige Pflanze wächst ohne große Ansprüche im Beet, Hochbeet oder in sonnigen Balkonkästen. Im Biogarten bietet sie auch natürlichen Schutz gegen Blatt- und Blutläuse sowie gegen Schnecken, Raupen und Ameisen.

Durch ihren sehr hohen Gehalt an Vitamin C wirkt sie gut gegen Erkältungen und Husten. Auch ihr hoher Anteil an Mineralstoffen und Provitamin A hat eine gesundheitsfördernde Wirkung.

In der Küche können alle Teile der Pflanze verwendet werden – vor allem die Blüten, Blätter und Knospen. Die Blüten sind im Frühjahr ein Geschmackserlebnis, Richtung Herbst werden die Blätter und die Stiele schärfer. Genießen lässt sich die Pflanze auf vielfache Weise – hier meine sieben liebsten Kapuzinerkresse-Rezepte.

Die Samen der Kapuzinerkresse finden Sie ab September als kleine Kügelchen an den Stielen oder am Boden unter der Pflanze.

Leuchtend gelb, orangefarben oder rot – mit ihren farbenprächtigen Blüten ist die Kapuzinerkresse ein echter Hingucker in jedem Garten. Doch die ursprünglich aus Südamerika stammende Pflanze ist nicht nur schön anzusehen, sondern erfreut als wahres Multitalent: Sie lässt sich für

Mein absoluter
Favorit: Kapuziner-
kresse-Suppe

*Schnell &
köstlich!*

Sieben einfache und gesunde Rezepte rund um den Garten-Hit Kapuzinerkresse

1

Kapuzinerkresse-Salat

Die Blüten einfach in einen frischen Salat mischen oder als Dekoration zu den Gerichten legen.

2

»Falsche Kapern«

Die noch ungeöffneten Knospen pflücken, salzen und einige Stunden ziehen lassen. In einen Topf mit kochendem Wasser geben, nach kurzem Aufwallen herausnehmen und abtropfen lassen. Die Knospen danach in ein großes Einmachglas geben, mit heißem Essig übergießen und einige Tage ziehen lassen. Dann erneut kurz aufkochen und in kleine Gläser füllen, die Sie gut verschließen. Fertig sind die selbst gemachten »falschen Kapern«!

3

Kapuzinerkresse-Aufstrich

Blätter und Blüten klein hacken und in Topfenaufstrich geben. Auch klein gehackt in Frischkäse sorgen sie für ein besonderes Geschmackserlebnis.

4

Kapuzinerkresse-Suppe

Zwiebel anschwitzen, mit Wasser und Suppe aufgießen, Kapuzinerkessenkraut und Blüten dazugeben, einen Löffel Sauerrahm oder Mandelmus hinzufügen. Mit Salz und Pfeffer abschmecken, mixen – fertig!

5

Kapuzinerkresse-Pesto

Blätter, Blüten und Stiele im Mixer mit Sonnenblumenkernen (oder anderen Nüssen) klein häckseln. Beim Mixen Salz und Pfeffer zugeben und Olivenöl untermixen, bis eine Paste entsteht. Das Pesto in ein Glas streichen, die Oberfläche glätten, mit etwas Öl bedecken und im Kühlschrank aufbewahren (mindestens 4 bis 6 Wochen haltbar). Soll sich die Paste länger halten, alle Luftbläschen gut rausdrücken und das Pesto mit 1 cm Öl abdecken.

6

Kapuzinerkresse-Butter

Eine Handvoll Blüten 10 Minuten in eine Schüssel mit Salzwasser legen (um ungebetene Blüten-Besucher loszuwerden). 250g weiche Butter (etwa 1 Stunde aus dem Kühlschrank) mit dem Schneebesen oder der Küchenmaschine durchrühren, salzen nach Geschmack, kleingeschnittene Kresseblätter unterrühren, danach die Blüten. Mithilfe einer Alufolie eine Wurst rollen. Butter im Kühlschrank hart werden lassen. Nun kann sie in Scheiben geschnitten und wie Kräuterbutter verwendet werden. Dekorativ und lecker!

7

Kapuzinerkresse-Käse-Mix

Camembert entrinden und in einer Schüssel zerdrücken! Dann gehackte Kapuzinerkresse zugeben und mit Salz und Pfeffer abschmecken. Hervorragend auf Brot und Kräckern!

DAS GROSSE BRUMMEN AUF DER WILDEN WIESE

Wer in seinem Garten ein Platzerl frei hat und darauf eine Wildblumenwiese sät, schafft einen wahren Mikrokosmos lebendiger Vielfalt und belohnt sich selbst. Warum dafür meist eine »Abmagerungskur« nötig und Highspeed-Konkurrenz zu überlisten ist, erfahren Sie hier.

Als Kind habe ich es geliebt: das Herumtollen und Spielen auf einer Wiese. Schmetterlingen nachjagen, Käfern auf die Sprünge helfen, sich von Blättern und Halmen kitzeln lassen, sich die schönsten Blüten ins Haar stecken oder ausgewählte Blumen zu einem Sträußchen binden – eine Wiese war mir schönster und buntester Abenteuerspielplatz. Oder für die Jung-Generation von heute: ein Real-life-Adventure ohne Joystick und Tastatur. Stattdessen ein großer, duftender, interaktiver Touchscreen der Natur. Was für eine Freude! Ein kindlich-unbeschwerter Naturgenuss!

Warum also nicht Kindheitserinnerungen dieser Art im eigenen Garten wieder aufleben lassen? Möglich wird das ganz einfach durch das Aussäen einer Wildblumenwiese. Abgesehen vom emotionalen Wert hat diese aber auch einen ganz praktischen ökologischen Nutzen. Denn Wildblumenwiesen bieten Insekten, Kleinlebewesen und Vögeln einen optimalen Lebensraum.

Wildblumenwiesen sind vielschichtige Universen: Den Erdboden bewohnen Regenwürmer, Feldmäuse, Käferlarven und Grillen, in der Streuschicht leben etwa Asseln, Springschwänze und Milben, aber auch Laufkäfer und Ameisen. In der

Je mehr einheimische Wildblumen und Gräser auf der Wiese wachsen, desto lebendiger und vielfältiger wird sich die Tierwelt entfalten.

Grasschicht finden wir Schmetterlingsraupen, Wespenlarven, Heuschrecken, Blattläuse und Rüsselkäfer. Und auf der Blütenebene tummeln sich Blütenliebhaber wie Bienen, Hummeln, Schmetter-

Ein Favorit vieler Bienen: Cosmea, das Schmuckkörbchen

172

linge, Fliegen und Schwebfliegen, aber auch Räuber wie Libellen, Spinnen und insektenfressende Vögel. Alles in allem: Ein großes Krabbeln und Brummen auf der wilden Wiese! Ein grünes Festmahl für Insekten. Wer auf eine Wildblumenwiese setzt, sät damit zur blühenden Flora gleich auch eine faszinierende Fauna mit. Für viele Tierarten ein letztes Refugium des Überlebens: vor allem für die Wildbienen. Von den 550 bekannten Wildbienen-Arten sind zahlreiche vom Aussterben bedroht! Dabei wissen wir längst, wie essentiell die Wildbienen für die natürlichen Kreisläufe und die Nahrungskette sind – inklusive der des Menschen. Wildblumenwiesen füllen die Pollenhosen der schwarz-gelben Brummer und damit indirekt auch unsere Kornkammern.

Ein gut gepflegter Nutzrasen mit seiner durchschnittlichen Wuchshöhe von 10 cm kann es mit einer Wildblumenwiese – durchschnittliche Höhe von 80 cm – naturgemäß bei weitem nicht aufnehmen. Auch auf landwirtschaftlichen Futter-wiesen regiert zunehmend Einfalt statt

Großblütiger Ziest – diese Blüte wird gerne von Hummeln und Pelzbienen angeflogen.

Vielfalt: Dort finden sich in der Regel nur noch fünf Grasarten, darunter Löwenzahn und Doldenblütler – ein unzureichender Einheitsbrei für Wildbienen, die auf be-stimmte Pflanzen spezialisiert sind. Das gilt auch für andere Arten: So verlangt die Raupe des Widderchens ausschließlich nach Hornklee. Deswegen ernähren Wild-blumen unsere Nützlinge auch viel besser, als es »neue« Pflanzenarten und sonstige Gartenschönheiten tun können.

Lasst uns daher die Blütentische wieder decken! Je mehr einheimische Wildblumen und Gräser auf der Wiese wachsen, desto lebendiger und vielfältiger wird sich die Tierwelt entfalten. Und umso größer ist un-ser Beitrag zum Artenschutz. Drum gehen wir's an, öffnen wir das »Gasthaus zum fröhlichen Brummen« in unserem Garten!

Die Pollen der Ringelblume wer-den von einigen Wildbienen bevor-zugt geernet.

173

so mach' ich es!

Für das Anlegen einer Wildblumenwiese im Garten gibt es mehrere Möglichkeiten. Entweder hat man ohnehin noch ein Platzerl im Garten frei, etwa eine kleine Lücke auf sandigen Böden, entlang von Zäunen oder Einfahrten oder aber man »opfert« einen Teil seines Nutzrasens. Ideale Plätze sind Flächen unter Obstbäumen oder neben dem Gemüsegarten. Oft bietet sich auch eine Hanglage an, die nicht anderweitig genutzt wird.

Was ist zu beachten?

Wildblumenwiesen-Samen sind im Fachhandel überall erhältlich – dennoch: Eine Wildblumenwiese schüttelt sich nicht so einfach aus dem Ärmel. Einfaches Einstreuen ist zu wenig – auch wenn das Gras nur schütter herumsteht. Gewisse Vorarbeiten sind meist miteinzuplanen, dafür ist später nur noch wenig zu tun und die Freude über das blühende Blumenlokal währt umso länger. Wichtig zu wissen: Eine Wildblumenwiese braucht einen nährstoffarmen Boden, Wiesenblumen keimen ungern zwischen dichtem Gras. In den meisten Fällen sind unsere Gartenböden aufgrund der Düngung allzu gut genährt! Ein guten Hinweis darauf liefert der Löwenzahn: Wo er wächst, weiß man.

da ist der Boden zu »fett« – das heißt, zu reich an Nährstoffen.

Zum Keimen und Pflanzen brauchen Wildpflanzen einen unbewachsenen, gelockerten Boden. Das heißt: Befreien Sie die Fläche zunächst von dem Bewuchs, in dem die Rasensoden abgeschält und Wurzelunkräuter entfernt werden. Danach oberflächlich umgraben. Schwere, nährstoffreiche Böden empfiehlt es, entsprechend »abzumagern« – das heißt, Sand bzw. feinen Kies einarbeiten. Nach der Abmagerungskur zwei Wochen ruhen lassen und nochmal Gekeimtes enternten und glattrechen.

Mischen Sie die Samen gut durch, bevor Sie sie ausstreuen. Nach dem Aussäen die Saat mit einer Walze oder einem Spaten festdrücken, jedoch die Samen nicht tiefer als 1 bis 2 mm mit Erde bedecken, da viele Arten Lichtkeimer sind! Die erste Zeit immer feucht halten. Vorsichtig gießen, damit sie nicht weggeschwemmt werden.

Wichtig: Mähen, wenn die Gräser ca. 10-15 cm hoch sind, um die Gräser und Beikräuter in den Griff zu bekommen! Denn die meisten Böden enthalten Samen von Gräsern, Disteln & Co., die wesentlich

ANGELIKAS TIPP:

Beste Aussaatzeit für die Wildblumenwiese ist April / Mai.

→ VORARBEIT FÜR DIE PERFEKTE WILDBLUMENWIESE

Bevor Sie eine Fläche für eine Wildblumenwiese nutzen können, muss sie zuerst von »Unkraut« und Bewuchs befreit werden.

Zuerst wird das Saatgut ordentlich durchgemischt und auf der Fläche verteilt.

Danach muss es noch gleichmäßig eingerecht und mit einer Walze oder einem Spaten eingedrückt werden.

ANGELIKAS TIPP:
Nützlingshotels sind seit Jahren in aller Munde und werden fertig angeboten. Zu kleine Hotels werden oft nicht von den Bienen bezogen. Die Hotel-Qualität muss auch hier stimmen (z.B. ausgefeilte Gänge für die Wildbienen, Wärme speichernde Ziegel).

schneller wachsen als die langsam keimenden Wildblumen. Aufgrund des Lichtmangels durch die grüne Highspeed-Konkurrenz drohen die Wildblumen abzusterben. Daher die Flächen mit einer Sense oder einem hohen Mäher abmähen – und das ein- bis zweimal pro Jahr. Am besten Ende Juni/Anfang Juli sowie vor dem ersten Frost. Die Stängel zwei bis drei Tage liegen lassen, damit die Samen ausreifen können und abfallen. Danach alles abräumen und gehäckselt auf den Kompost! Dieses Heu ist übrigens auch perfekt für Kleintiere wie Hasen oder Meerschweinchen.

Wichtig ist auch die Wahl des richtigen Saatguts! Es sollten regionale Pflanzsamen sein – fragen Sie in den Gärtnereien! Sie

können auch mit Standardmischungen beginnen. Welche Pflanzen bleiben werden, hängt auch von Boden und Klima ab. Devise: Je größer die Mischung, umso besser. Auf sandigen oder lehmigen Böden wachsen jeweils andere Pflanzen, auch ob sich der Standort in der Sonne oder im Schatten befindet, macht einen großen Unterschied. Nach einer gewissen Zeit ist alles weitere einfach: Sie werden sehen, es bilden sich Pflanzengemeinschaften, die Blumenwiesen säen sich ab dem nächsten Jahr selbst aus und von Jahr zu Jahr verändern sich die Beete und eingesäten Bienenfleckerln!

Am besten gedeihen Wildblumenwiesen an sonnigen Plätzen und auf mageren

Böden – das ist die ideale Basis für Ihre Wildblumenwiese. Diese Wiese sollten Sie übrigens – anders als ich als Kind – nur mit den Augen betreten. Sie werden sich am Wechselspiel der Farben und Düfte erfreuen: an den »Kleinen« wie Hornklee und Glockenblume ebenso wie an den »Riesen« Bocksbart und Witwenblume. Erst an Lichtnelke, Salbei und Margerite, und später an Dost, Labkraut und Storchenschnabel – an die vielen wechselnden Gesichter ihrer wilden Wiese! Denn – auch das ist eine glücksstiftende Erfahrung – eine Wildblumenwiese ist ständig im Wandel. Von April bis Oktober werden Sie Blüten unterschiedlicher Größe, Farbe und Form entdecken.

Der Bestand an Arten sowie die Anzahl der Pflanzen ändern sich von Jahr zu Jahr. Manche Wildblumen werden von anderen verdrängt, zunächst sieht man von einer Art nur wenige und zwei, drei Jahre später dominiert sie die gesamte Fläche – wandelbare wunderbare wilde Wiese!

Witwenblume: Diese schöne lila Bienenpflanze ist mehrjährig.

→ EINE AUSWAHL ←
ein- & mehrjähriger Bienenpflanzen

KLATSCHMOHN: Hummeln, Mauerbienen, Honigbienen, Schmalbienen und andere Bienen fliegen den pollenreichen Mohn gerne an.

AKELEI: Die Blüten sind für Hummeln und Bienen hervorragende Pollen- und Nektarquellen.

BIENENWEIDE, PHACELIA: Bienenfreund ist ein weiterer Name und verrät, dass Wespen, Bienen und Hummeln sich hier gerne sammeln.

GLOCKENBLUMEN: Mehrere Scheren-, Sägehorn- und Sandbienen sammeln ihren Pollen nur an Glockenblumen.

KORNBLUME: Die blaue anspruchslose, nektarreiche Blüte wird von Hummeln, Sandbienen, Schmalbienen und Mauerbienen beflogen.

ROTER KLEE: Die Blüten werden von Wildbienen besammelt. Für einige Hummelarten ist die Pflanze eine der wichtigsten Trachtpflanzen.

STORCHENSCHNABEL: Für den Halbschatten bis hin zu sonnigen Plätzen.

WILDER THYMIAN, DOST & BERGMINZE: Die Kräuter sind auf der Bienen-Hitliste ganz oben.

WILDE KAROTTE UND WIESENKERBEL: Für Wildbienen und Wespen.

ZIEST: Für Hummeln und Pelzbienen ein Leckerbissen.

KATZENMINZE: Die mehrjährige Staude ist ein absoluter Bienenleckerbissen, blüht von Juni bis Oktober. Nach der ersten Blüte kann man sie zurückschneiden, sie treibt nochmal aus.

DUFTWICKE: Die stark duftenden Blüten werden gerne von Hummeln und Blattschneiderbienen beflogen.

Wild kochen und genießen!

Von grünen Palatschinken bis zum Wildkrautpesto:
Diese schmackhaften Wildkräuter-Rezepte lege ich
Ihnen ans Herz und an den Gaumen!

Es ist für mich der krönende Moment eines grünenden Kreislaufs: Zuerst das Säen, Wachsen und Gedeihen, dann das Ernten und schließlich das Verfeinern zu einem genussvollen Gericht aus der Natur. Einfach herrlich! Sie müssen wissen: Ich liebe Kochen. Hier vereint sich für mich alles. Denn am schönsten ist das Teilen der Gärtnerfreude – das Kochen für Gäste und das gemeinsame Genießen. Wenn ich zwischen meinen Gartenreisen endlich wieder mal zuhause bin, koche ich am liebsten für Familie und Freunde, die sich bei mir rund um meinen großen Esstisch versammeln. Und auch meinen Mitarbeitern serviere ich gerne frische Angelika-Rezepte auf den Tellern. »Wie bitte, Brennnesselpalatschinke und Wildkräuter-Pesto mit Giersch?« Skeptische Blicke gab's nur beim ersten Ma(h)l – heute, sagen sie, würden sie meine

ANGELIKAS TIPP:
Wildkräuter wirken basisch. Egal, ob als Kraut gegessen, als Smoothie getrunken oder in Pesto und Suppe. Die beste Lebensmittelquelle ist die Natur.

Die Wildkräuterküche ist für mich ein Geschenk der Natur. Auch die vielen Kulturkräuter sind eine große Bereicherung für Gaumen und Gesundheit.

Gartenküche gegen kein Fast-Food-Menü der Welt mehr eintauschen. Auch ich bin nicht als reine Gesund-Esserin auf die Welt gekommen. Es war – wie vieles im Leben –

ein Lernprozess. So bin ich zum Teil am Bauernhof meiner Tante aufgewachsen und bekam jeden Tag eine Speckjause zu essen, täglich zweimal, ein Ritual, das mir damals köstlich erschien. Heute für mich undenkbar, da ich seit Jahren fleischlos lebe.

Zur Vegetarierin wurde ich in meiner Ausbildungszeit in Wien, wo mich das Internatsessen wenig begeisterte. Fertiggerichte, Dosenfutter und Packerlessen waren für mich schwer verdaulich. Das Essen, so war mein (Bauch-)Gefühl, schwächte mich. Nahrungsmittel versus Lebensmittel – der Unterschied wurde mir erst langsam klar. Ich begann, mich mit guten, nährstoffreichen Lebensmitteln zu beschäftigen, fing an selbst zu kochen und das Fleisch wegzulassen. Rasch merkte ich, welchen Einfluss gute Nahrungsmittel auf Körper und Geist haben können. Auch meine häufigen Probleme mit Angina und immer wiederkehrende Entzündungen im Rücken besserten sich. Ich dachte um und probierte Verschiedenes aus. Ich merkte fühlbar, wie sehr mir etwa der Thymian gegen Entzündungen im Körper half. Seither ist mir das Gewürz wie auch viele andere Kräuter wichtiger Pflanzenbegleiter geworden.

Ich bin keine Missionarin. Nicht einmal innerhalb meiner Familie. Wir haben eine starke Tradition von Jägern in der Familie – und ich bin eben die Sammlerin geworden. Jäger und Sammler – für mich eine schöne und stimmige Fügung. Jeder muss für sich selbst entscheiden, was ihm gut tut. Und mir tut das vegetarische Leben sehr gut. Und allen Vorwitzigen, die ich immer auf meinen Gartenreisen erlebe, sei gesagt: Ja, ich esse auch FLEISCHtomaten! ;-)

Gemüse und Kräuter anzubauen ist für mich heute nicht nur Selbstverständlichkeit, sondern auch Teil meiner Selbstversorgung: die Versorgung meines Selbst mit wichtigen Nährstoffen, Vitaminen und positiver Energie. Das Gärtnern und Ziehen der eigenen Lebensmittel macht mich einfach glücklich – ebenso wie das Verarbeiten, das Kochen und Genießen. Immer wieder Gerichte auszuprobieren und mit Gemüse und Kräutern verfeinern – eine kulinarische Entdeckungsreise ohne Ende. Probieren Sie es einfach aus und lassen Sie sich von meinen Lieblingsgerichten inspirieren!

Delikate Wildkräuter: Salate und Blüten auf dem Teller, mit einer Marinade oder Essig und Öl servieren.

SCHNELL & GUT

DINKELREIS MIT WILDEN KRÄUTERN

ZUTATEN

Dinkelreis, Zwiebel, Suppe, Olivenöl, Salz & Pfeffer,
Kräuter wie z. B.: Taubnessel, Gänseblümchen,
Wiesenschaumkraut, Rotklee, Gundelrebe, Asia-Salat,
Majoran, Basilikum

SO GEHT'S

Zwiebel anschwitzen und die klein gehackten Kräuter
darin kurz dünsten. Den Dinkelreis mit ein wenig
Suppe kochen und abseihen. Alles zusammenmischen
und mit Olivenöl, Salz und Pfeffer verfeinern.

MEIN LIEBSTES PASTA-REZEPT

NUDELN MIT WILDKRAUTPESTO

ZUTATEN

Nudeln, Sonnenblumenkerne, Nüsse, Olivenöl,
Parmesan, Salz & Pfeffer, Kräuter wie z.B.: Knoblauch-
rauke, Bärlauch, Brennnessel, Gundelrebe – mischen
Sie hier gerne alle Wildkräuter aus Ihrem Garten.

SO GEHT'S

Nudeln kochen. Inzwischen Sonnenblumenkerne ohne
Öl ein wenig rösten. Die gezupften Kräuter in einen
Mixer geben und Kerne, Nüsse und das Öl dazumischen.
Nach dem Mixen mit Salz und Pfeffer abschmecken.
Nudeln abseihen und das Pesto draufgeben. Zum
Abschluss mit geriebenem Parmesan bestreuen.

ENERGIEBOMBE MIT GESCHMACKSEXPLOSION

WILDER SALAT

ZUTATEN

Dressing, Essig, Öl, 1 TL Honig, Salat, Rote
Melde, Salz & Pfeffer , Kräuter wie z.B.: Knoblauch-
rauke, Schaumkraut, Veilchen, Schafgarbe, Giersch,
Taubnessel, Löwenzahn, Vogelmiere

SO GEHT'S

Alle Kräuter klein schneiden und zusätzlich mit ein
wenig Salat vermengen. Das Dressing über die wilde Ernte
gießen und mit Salz und Pfeffer abschmecken.

EIN GAUMEN- UND AUGENSCHMAUS

GRÜNE PALA-TSCHINKEN MIT WILDEM SPARGEL

~~~~~~~

ZUTATEN

Eier, Milch, Buchweizenmehl, Sonnenblumenöl,
Salz, Kräuter wie z.B.: Gänseblümchen, Brennnessel,
Giersch, Spitz- und Breitwegerich
Für die Füllung: Crème fraîche, Wilder Spargel
(die Spitzen der Hopfenranken), Asia Salat

SO GEHT'S

Die Kräuter schneiden, mit Mehl, Eiern, Salz und
Milch zu einem flüssigen Teig verrühren. Wenn Sie
einen Hochleistungsmixer haben, dann rein damit und
mixen. Einen Schuss Mineralwasser dazugeben und
3 Minuten quellen lassen. Die Masse wird in die Pfanne
mit heißem Öl gegossen und dünne Palatschinken
sollten das Ergebnis sein. Die Hopfenspitzen in Öl ein
wenig andünsten. Die Palatschinken mit Crème
fraîche bestreichen und die Hopfenspitzen und den
Asia Salat darin einwickeln.

EINFACH GÄRTNERISCH SCHMACKHAFTER REIS

WILDKRAUT-RISOTTO

ZUTATEN

Zwiebel, Olivenöl, Risottoreis, Gemüsesuppe,
wilde Kräuter, Parmesan, Salz & Pfeffer

SO GEHT'S

Zwiebel in heißem Olivenöl anschwitzen und ganz leicht
bräunen. Den Risottoreis dazugeben und glasig braten, mit
Weißwein ablöschen. Bei mittlerer Hitze weitergaren und
häufig umrühren, dabei nach und nach die heiße Brühe angießen, sodass nie die ganze Flüssigkeit verkocht ist. Etwa fünf
Minuten vor Ende der Garzeit (ca. 15 bis 20 Minuten je nach
Reissorte) die gewaschenen, grob gehackten Wildkräuter unter-
heben und die Hitze reduzieren, den Reis fertig ausquellen
lassen. Mit Salz, Pfeffer und Parmesan abschmecken.

ALTERNATIV AUCH ALS
WILDKRAUTSUPPE MÖGLICH

BRENNNESSEL-SUPPE

ZUTATEN

Zwiebel, Suppe, Mandelmus oder Sauerrahm,
Salz & Pfeffer, Brennnessel und / oder verschiedene Kräuter
wie z.B.: Gundelrebe, Giersch, Spitz- und Breitwegerich

SO GEHT'S

Die Zwiebel anschwitzen. Mit Wasser aufgießen und
Suppenwürze dazugeben. Anschließend die Kräuter
dazugeben und ein wenig köcheln lassen. Zum Schluss
alles gut pürieren und Sauerrahm untermischen.

Wiesenschaumkraut und Rote Melde

Zum Abschluss möchte ich noch zwei besondere Lieblinge von mir, das Wiesenschaumkraut und die Rote Melde, näher vorstellen. Wunderschön und herrlich schmackhaft!

Wiesenschaumkraut

Der Geschmack ist etwas kresseartig. Man kann die Knospen und Blüten mitsamt den Samenständen verwenden. Im Wiesenschaumkraut sind geschmacksprägende Senföle enthalten. Zudem wirken sie antibiotisch, regen die Bronchialsekretion an und fördern die Verdauung.

Rote Melde

Die Melde ist ein altes Blattgemüse, das uns gerade über die Wintermonate wertvolle Dienste leisten kann. Dazu die Blätter trocknen, im Mörser zu einer Art Pulvermehl vermahlen und schon hat man einen Nährstofflieferant aus Proteinen, Saponinen, Flavonolen, Oxalsäure, Vitaminen und den Spurenelementen Eisen, Kupfer, Zink und Mangan. Durch die kaminrote Farbe der Pflanze wirkt sie im Garten auch noch sehr attraktiv. Die jungen Blätter der Pflanze sind zart und haben ein mildes Aroma. Roh kann man sie als Salat genießen, gedünstet erinnern die Blätter geschmacklich an Spinat. Beim Ernten sollte man darauf achten, ein bis zwei Blattpaare stehen zu lassen, denn aus den Blattachseln treibt die Pflanze wieder aus und kann dadurch ein zweites und auch drittes Mal geerntet werden.

193

Das Glück liegt am Weg

Oliva Reisen
Garten-, Natur- & Aktivreisen

Die Blütezeit der Magnolien in Cornwall, ein Blick in die bezaubernden Grachtengärten in Amsterdam oder der Duft von Kräutern in einem Klostergarten in Niederösterreich. Das Gute liegt so nah und fern. Faszinierende Pflanzenschönheit findet sich sowohl in Nachbars Garten als auch an exotischen Destinationen. Gartenreisen haben mich schon immer geprägt, sie öffnen neue Horizonte und schaffen Bewusstsein für andere (Pflanzen-)Kulturen. Eine Fülle inspirierender Erfahrungen durfte ich schon als Teenager während meiner Ausbildungszeit machen, Praktika in Holland, Irland und der Schweiz ließen mein Interesse wachsen und weckten eine schier unstillbare Neugier an stets neuen Gärten und Gartenstilen. Englands Gartenlandschaften, geschichtsträchtige Anlagen in Italien, wundersame Gärten in Marokko, Tempelgärten in Japan, Kleinode in Holland und private Gärten in meiner Umgebung. Eine Auswahl meiner Lieblingsgärten fällt mir schwer. Es sind so viele blühende Orte, die mich faszinieren. Reisen ist wunderbar und Gartenreisen führen ins Paradies. Daher habe ich vor wenigen Jahren entschieden, Gartenliebhaber auf diesem Weg zu begleiten und

ihnen mit meinem Gartenreisebüro die schönsten Gärten nah und fern zu zeigen. Auf unseren Gartenreisen entdecken wir seither gemeinsam mit den Reisegästen öffentliche und private Gärten, etwa im gartengeschichtlichen Juwel England, im blütenfarbenprächtigen Italien oder im staudenreichen Holland ebenso wie im Gartenparadies vor unserer steirischen Haustür.

Unglaublich, was Gärtner und Gärtnerinnen alles vollbringen. Es sind faszinierende Garten-Persönlichkeiten, die wir auf unseren Reisen kennenlernen. Egal, ob es der Head Gardener in Gärtnerdress und Gummistiefeln ist, der seinen Titel mit Stolz trägt, in England definitiv der höchste Rang, den man hinter den Royals erreichen kann. Oder ob es die erfrischenden Menschen sind, die ich in meiner Nähe in ihren Gärten besuche. Sie alle haben einen Orden verdient, denn diese Menschen geben den Pflanzen die Ehre und den Menschen, die ihren Garten besuchen dürfen. Viele freuen sich sogar, wenn man um einen Samen bittet und sagt: »Es war so wundervoll bei Ihnen, ich werde mich mit dieser Blume immer an Sie und Ihren Garten erinnern«.

ANGELIKAS TIPP:
Für mehr Informationen einfach auf www.olivareisen.at vorbeischauen!

Register

Literaturnachweise, Buchtipps & Bezugsquellen

Bücher

Altes Gärtnerwissen wieder entdeckt: Erfahrungsschatz vergangener Zeiten
Inga-Maria Richberg
BLV BUCHVERLAG

Bio-Starter – Von null auf hundert zum Biogarten Sebastian Ehrl
BLV BUCHVERLAG

Das große Biogartenbuch
Andrea Heistinger / Arche Noah
LÖWENZAHN VERLAG

Der wilde Gärtner Andrea Heistinger
LÖWENZAHN VERLAG

Der Selbstversorger Wolf Dieter-Storl
GRÄFE UND MÜNZER

Die erstaunlichen Kräfte der Effektiven Mikroorganismen
Anne Katharina Zschocke
KNAUR MENSSANA

Die Sekem Vision: Eine Begegnung von Orient und Okzident verändert Ägypten
Ibrahim Abouleish
VERLAG INFO3

Die unsichtbare Kraft in Lebensmitteln, BIO und NICHTBIO im Vergleich
A. W. Dänzer
VERLAG BEWUSSTES DASEIN

EM Eine Chance für unsere Erde. Effektive Mikroorganismen. Anne Lorch
VERLAG LORCH, ANNE

EM-Pflanzenschutz Sigemar Gruno, Wiltrud Gruno
DOMUSICA

Essbare Wildpflanzen Steffen Guido Fleischhauer, Jürgen Guthmann, Roland Spiegelberger
AT VERLAG

Gärten ohne Gift Christian Kubik
ÖSTERREICHISCHER AGRARVERLAG

Gärtnern mit Paradeisern
Julia Kospach, Erich Stekovics
EDITION KOSTE

Gärtnern ohne Gift: Ein praktischer Ratgeber Arthur Schnitzer
BOEHLAU VERLAG

Gesunder Garten durch Mischkultur. Gemüse, Kräuter, Obst, Blumen
Gertrud Franck
SÜDWEST VERLAG

Grüne Smoothies Christian Guth,
Burkhard Hickisch
GU/GRÄFE UND UNZER

Handbuch Bio-Gemüse
Andrea Heistinger / Arche Noah
LÖWENZAHN VERLAG

Handbuch Nähr- und Vitalstoffe
Dieter Henrichs
CONSTANTIA-VERLAG

Handbuch Wintergärtnerei.
Frisches Biogemüse rund ums Jahr
Eliot Coleman (Autor), Angelika
Palme (Übersetzerin)
LÖWENZAHN VERLAG

Humusaufbau – Chance für Landwirtschaft und Klima Gerald Dunst
VEREIN ÖKOREGION KAINDORF

Kompostierung und Erdenherstellung
Gerald Dunst
VEREIN ÖKOREGION KAINDORF

Kostbares Gemüse: Raritäten & Rezepte
Wolfgang Palme, Johann Reisinger
FREYA

Mit EM durch das Gartenjahr Anne Lorch
VERLAG LORCH, ANNE

Produkte & Adressen

Nützlinge
Biohelp GmbH
Kapleigasse 16 | A-1110 Wien
WWW.BIOHELP.AT

Biologische Gemüsepflanzen und Samen
Arche Noah
Obere Straße 40 | A-3553 Schiltern
Schaugarten & Shop in Schiltern
WWW.ARCHE-NOAH.AT

Samen
Reinsaat KG
A-3572 St. Leonhard am Hornerwald 69
WWW.REINSAAT.AT

Kaffeedünger
Dieter Wurm
Neubaugasse 56 | 8020 Graz
WWW.KAFFEEDÜNGER.AT
oder bei
Angelika Ertl
Warnhauserstraße 10 | A-8073 Feldkirchen
sowie bei diversen Gärtnern

Effektive Mikroorganismen für
Garten und Haus
Diverse Gärtner wie z.B. Garten-
paradies Peter Painer
Badstraße 48 | A-8063 Eggersdorf
WWW.PAINER.COM

Ihm habe ich die Entdeckung dieser wunderbaren Garten-Helferlein zu verdanken.

Multikraft Produktions & HandelsgmbH
Sulzbach 17 | A-4632 Pichl bei Wels
WWW.MULTIKRAFT.COM

Schwarzerde, Pflanzenkohle und Biofaser
»Sonnenerde« Gerald Dunst
Kulturerden GmbH
Oberwarterstraße 100
A-7422 Riedlingsdorf
WWW.SONNENERDE.AT

OleumViva Öl
»Die Natur«
Gnaningerstraße 86 | A-8072 Fernitz
WWW.DIENATUR.AT

Impressum

Jetzt haben wir den Salat!
Praxisratgeber für Ernteglück im
Biogarten & wie Sie zu unfassbar
gesunden Lebensmitteln kommen

2. Auflage Mai 2016

© 2016 Oliva Verlag
Warnhauserstraße 10
A-8073 Feldkirchen bei Graz
Alle Rechte vorbehalten.
www.angelikaertl.at

Konzeption & Text
Angelika Ertl & Wolfgang Schober

Layout, Satz & Illustrationen
Marie Zieger
www.mariezieger.com

Fotografie
Marija Kanižaj
www.kanizaj-marija.com

Bildnachweis weiterer Abbildungen
Angelika Ertl: div. Seiten
Firma Biohelp: S. 48, 49
LK Steiermark: S. 51, 54
Peter Loidl: S. 47, 54, 172
Fotolia: S. 48, 49, 100, 101, 113, 149
Erich Stekovicz: S. 91
Multikraft: S. 72

Druck & Bindung
DZS Grafik d.o.o.
Slowenien

ISBN
978-3-200-04445-6

Hinweise
Sämtliche Ratschläge und Rezepte
in diesem Buch wurden von Angelika
Ertl sorgfältig in der Praxis erprobt.
Dennoch können nur Sie selbst entscheiden, inwieweit Sie diese Vor-
schläge auch umsetzen können und
möchten. In Zweifelsfällen ziehen Sie
einen Arzt zu Rate. Die Autorin kann
für eventuelle Nachteile oder Folgen,
die aus den im Buch gegebenen praktischen Hinweisen resultieren, keine
Haftung übernehmen.

Liebe Leserin, lieber Leser! Aus Gründen
der besseren Lesbarkeit wurde auf
gender-gerechte Formulierungen ver-
zichtet. Das Buch richtet sich selbstver-
ständlich an begeisterte Gartenmen-
schen beiderlei Geschlechts.

Umwelthinweis
Dieses Buch wurde auf umwelt-
verträglichem, FSC-zertifiziertem
Papier gedruckt.

FSC
www.fsc.org
MIX
Papier aus ver-
antwortungsvollen
Quellen
FSC® C106600